SCHMITT 1964

ŒUVRES COMPLÈTES

DE

SIR WALTER SCOTT.

Traduction Nouvelle.

PARIS,

CHARLES GOSSELIN ET **A. SAUTELET ET C°**

LIBRAIRES-ÉDITEURS.

M DCCC XXVI.

H. FOURNIER IMPRIMEUR.

ŒUVRES COMPLÈTES

DE

SIR WALTER SCOTT.

TOME TRENTE-QUATRIÈME.

IMPRIMERIE DE H. FOURNIER,
RUE DE SEINE, N° 14.

IVANHOE.

(Ivanhoe.)

TOME DEUXIÈME.

« Il préparait toujours le char et les harnais,
» Disait adieu cent fois et ne partait jamais. »
Prior.

IVANHOE.

(Ivanhoe.)

CHAPITRE XV.

« Il me croit son jouet, sa dupe, son esclave :
» Il verra qu'au milieu de la confusion
» Qui va naître bientôt de sa rébellion
» Je saurai me frayer un chemin convenable.
» Qui dira que j'ai tort ? »
JOANNA BAILLIE. *Basile*, tragédie.

Jamais araignée ne prit plus de peine pour réparer sa toile endommagée que n'en prit Waldemar Fitzurse pour réunir les membres épars du parti de Jean. Quelques-uns de ses adhérens s'étaient attachés à sa fortune par inclination, mais aucun par estime personnelle. Il fallait donc que Fitzurse leur rappelât les avantages qu'ils avaient trouvés jusqu'alors dans la protection du prince, et leur montrât dans l'avenir une perspective encore plus brillante. Aux jeunes nobles, esclaves de leurs plaisirs, il offrait l'appât d'une licence effrénée; il séduisait les ambitieux par l'espoir des honneurs, et flattait les ames intéressées par la promesse de leur accorder de nouveaux domaines et de les combler de richesses. Il accordait des gratifications aux chefs des bandes mercenaires, argument qui était le plus puissant sur leur esprit, et sans lequel tous les autres eussent été inutiles. Cet agent actif distribuait encore plus de promesses que d'argent comptant; enfin il n'oubliait rien de ce qui pouvait décider celui qui hésitait encore, et ranimer celui qui perdait courage. Il parlait du retour du roi Richard comme d'un événement hors de toute probabilité. Cependant, quand il eut remarqué, d'après l'air de doute de ceux à qui il tenait ce langage, et d'après leurs réponses ambiguës, que c'était cette crainte qui agissait assez fortement sur leurs esprits, il dit hardiment que le retour du roi, quand même il aurait lieu, ne devrait rien changer à leurs calculs politiques.

— Si Richard revient, disait Fitzurse, ce sera pour enrichir ses croisés, appauvris et mourans de faim, aux dépens de ceux qui ne l'ont pas suivi à la Terre-Sainte; ce sera pour exiger un compte terrible de tous ceux qui, pendant son absence, auront commis quelque prétendue infraction contre les lois du pays ou les privilèges de la couronne; ce sera pour punir les templiers et les hospitaliers de la préférence qu'ils ont donnée à Philippe de France pendant les guerres en Palestine; enfin pour traiter en rebelles tous les amis du prince

Jean. Craignez-vous sa puissance? dit encore l'artificieux confident du prince. Je conviens que c'est un chevalier aussi vigoureux que vaillant; mais nous ne sommes plus dans le siècle du roi Arthur, où un seul champion bravait toute une armée. Si Richard revient, il sera seul, sans suite, sans amis : les ossemens de ses braves soldats blanchissent les plaines de la Palestine. Le peu de croisés qui ont échappé au trépas sont revenus ici en vrais mendians, comme ce Wilfrid d'Ivanhoe, et ne sont nullement à craindre. Qu'importe le droit de primogéniture, ajoutait-il à ceux qui conservaient quelques scrupules sur ce point : donne-t-il à Richard un titre plus sacré à la couronne d'Angleterre, que le même droit n'en donna au duc Robert de Normandie, fils aîné du conquérant ? Guillaume-le-Roux et Henry, ses frères cadets, lui furent cependant successivement préférés par la voix de la nation. Robert avait toutes les qualités qu'on peut faire valoir en faveur de Richard. Il était vaillant chevalier, chef plein de talens, généreux envers ses amis et envers l'Église; il s'était croisé comme Richard et avait conquis le Saint-Sépulcre. Il n'en mourut pas moins aveugle et prisonnier dans le château de Cardiff, parce qu'il ne voulut pas se soumettre à la volonté du peuple, qui refusa de le reconnaître pour maître. Nous avons droit de choisir dans la famille royale le prince le plus en état de nous gouverner, c'est-à-dire celui qui sait le mieux soutenir les intérêts de la noblesse. Il est possible que, quant aux qualités personnelles, le prince Jean soit un peu au-dessous de Richard; mais si l'on réfléchit que celui-ci revient tenant en main le glaive de la vengeance, tandis que le premier nous offre privilèges, honneurs, richesses, comment pourrions-nous hésiter dans le choix que nous avons à faire entre eux?

Ces raisonnemens et beaucoup d'autres, que le rusé conseiller du prince Jean savait adapter au caractère de ceux à qui il parlait, et aux circonstances particulières de chacun, produisirent l'effet qu'il en attendait sur les barons du parti du prince Jean. La plupart consentirent à se rendre à l'assemblée qu'on se proposait de tenir à York afin de prendre des arrangemens définitifs pour mettre la couronne sur la tête du frère du roi légitime.

La nuit commençait à tomber quand Fitzurse, fatigué, épuisé des efforts qu'il avait faits, mais content de leur résultat, en rentrant au château d'Ashby, rencontra Bracy, qui avait changé les riches vêtemens sous lesquels il avait paru au banquet, pour une casaque et un haut-de-chausses de drap vert, un couvre-chef de cuir et un couteau de chasse ; un cor était suspendu à son épaule ; il tenait un arc en main, et un paquet de flèches était attaché à sa ceinture. Si Fitzurse avait rencontré un tel personnage hors du château, il aurait passé près de lui sans y faire attention ; mais le trouvant dans le vestibule, il le regarda de plus près, et reconnut le chevalier normand sous le costume d'un archer anglais.

— Que signifie cette mascarade? lui demanda Fitzurse avec un peu d'humeur. Est-ce le moment de songer à quelques nouvelles folies, quand le destin de notre maître, du prince Jean, est à la veille d'être décidé? N'auriez-vous pas mieux fait de chercher, comme moi, à raffermir les dispositions chancelantes de ces poltrons, à qui le nom du roi Richard fait peur, comme on dit qu'il effraie les enfans sarrasins?

— J'ai pensé à mes affaires, Fitzurse, répondit Bracy avec un grand sang-froid, — comme vous avez songé aux vôtres.

— Comme j'ai songé aux miennes! Je ne me suis occupé que de celles du prince Jean, notre patron commun.

— Fort bien, Waldemar; mais quel est votre motif pour agir ainsi? votre intérêt personnel : vous n'en avez pas d'autre..... Allons, Fitzurse, nous nous connaissons tous deux. L'ambition dirige toutes vos actions; le plaisir est le mobile des miennes : c'est le résultat de la différence de nos âges. Quant au prince Jean, vous en avez la même opinion que moi. Nous savons tous deux qu'il est trop faible pour être un roi ferme, trop despote pour être un bon roi, trop insolent et trop présomptueux pour être un roi chéri de ses sujets; enfin trop inconstant et trop timide pour conserver long-temps sa couronne. Pourquoi donc avons-nous embrassé son parti? Parce que c'est sous un tel roi que Fitzurse et Bracy peuvent espérer de parvenir. Voilà pourquoi nous l'aidons, vous de votre politique, et moi des lances de ma compagnie franche.

— J'ai un auxiliaire qui donne de belles espérances! dit Fitzurse d'un ton d'impatience : un homme qui s'occupe de folies dans le moment le plus critique... Et quel est donc, au nom du ciel, le motif d'un pareil déguisement, dans une crise si sérieuse?

— Je veux, dit Bracy avec le plus grand sang-froid, me procurer une femme à la manière de la tribu de Benjamin.

— De la tribu de Benjamin? je ne vous comprends pas.

— N'étiez-vous donc pas présent hier, quand, après la chanson chantée par le ménestrel, le prieur Aymer nous conta qu'autrefois, en Palestine, il s'éleva une querelle mortelle entre le clan de Benjamin et le reste de la nation d'Israël; que celle-ci, ayant pris les armes, tailla en pièces toute la chevalerie de ce clan, et jura par la sainte Vierge de ne pas permettre à ceux qui avaient échappé au carnage de prendre des épouses de leur lignage; que ces derniers envoyèrent consulter le saint père le pape, pour savoir ce qu'ils devaient faire; que, d'après l'avis de Sa Sainteté, les jeunes chevaliers de la tribu de Benjamin donnèrent un superbe tournoi; qu'ils enlevèrent toutes les dames qui y vinrent, et que, par ce moyen, ils se procurèrent des épouses sans avoir de consentement à demander à personne.

— Je crois me rappeler cette histoire, quoiqu'il me semble que vous ou le prieur y avez fait de grands changemens, mais je ne vois pas.... (1).

— Je vous dis que je veux me procurer une femme à la manière de la tribu de Benjamin; c'est-à-dire que cette nuit, sous ce déguisement, je tombe sur ce troupeau de porcs saxons qui viennent de partir du château, et j'enlève la belle lady Rowena.

— Êtes-vous fou, Bracy? songez donc que, quoique ce soient des Saxons, ils sont riches, puissans, et d'autant plus respectés par leurs concitoyens que la richesse et la puissance ne sont aujourd'hui le partage que d'un bien petit nombre de Saxons.

(1) Bracy pouvait bien, dans la conversation, se permettre sciemment, ou par ignorance, ces variations de la Bible; car dans ce siècle les ménestrels, et souvent les chroniqueurs cloîtrés eux-mêmes, introduisaient dans leurs histoires des anachronismes encore plus plaisans. — Éd.

— Et ne devraient être celui d'aucun d'eux, pour achever le grand œuvre de la conquête.

— Au moins ce n'est pas le moment d'y songer. La crise qui s'approche rend indispensable au prince Jean la faveur du peuple, et il ne pourrait refuser justice à ceux que le peuple voit avec intérêt.

— Qu'il l'accorde s'il l'ose, et il verra bientôt la différence d'une troupe de bonnes lances comme les miennes à un rassemblement de misérables Saxons sans ordre ni discipline. Au surplus, vous ne savez pas quel est mon plan. Tout le blâme de cette entreprise retombera sur les outlaws qui infestent les forêts du comté d'York. Sous ces vêtemens, n'ai-je pas l'air du plus hardi d'entre eux? J'ai fait épier les mouvemens de nos Saxons. Cette nuit, ils doivent coucher au couvent de Saint-Wittol... Withold... je ne sais quel rustre de saint saxon, près de Burton-on-Trent (1). Le lendemain nous tombons sur eux, comme des faucons sur leur proie. Alors je parais sous ma forme naturelle; je joue le rôle de chevalier courtois; je délivre la belle infortunée des mains de ses ravisseurs; je la conduis au château de Front-de-Bœuf, ou en Normandie, et je ne la rends à sa famille, que lorsqu'elle sera la dame et l'épouse de Maurice De Bracy.

— C'est un plan admirable, et sagement conçu; je doute qu'il soit entièrement de votre invention.... Soyez franc, Bracy : qui vous a aidé à tracer un tel projet, et qui vous aidera à le mettre à exécution? car ce ne peut être votre compagnie : elle est à York.

(1) Ville à dix-neuf milles d'Ashby, et située sur la rivière appelée le Trent. — Éd.

— Vous voulez absolument le savoir? Eh bien, c'est le templier Brian de Bois-Guilbert qui a fait le plan du projet que l'aventure des Benjamites m'a suggéré. Il doit m'aider dans l'attaque; lui, et ses gens, joueront le rôle des outlaws aux mains de qui mon bras valeureux arrachera la dame, quand j'aurai changé d'habit.

— Par Notre-Dame! c'est un plan digne de votre sagesse réunie à la sienne! J'admire surtout la prudence que vous montrez, Bracy, en laissant la jeune dame entre les mains de votre digne confédéré. Je crois bien que vous pourrez réussir à l'enlever à ses amis saxons; mais la retirer ensuite des griffes de Bois-Guilbert, c'est une affaire beaucoup plus douteuse. C'est un faucon habitué à saisir sa proie, mais qui ne la lâche pas si facilement.

— Il est templier, par conséquent je ne puis l'avoir pour rival dans le projet d'épouser lady Rowena. Aurait-il des vues illégitimes sur celle à qui je me propose de faire porter mon nom? de par le ciel! quand il serait à lui seul tout un chapitre de son ordre, il n'oserait me faire une telle insulte!

— Puisque rien de ce que je vous dis, Bracy, ne peut chasser cette folie de votre imagination, puisque telle est votre opiniâtreté, faites ce qu'il vous plaira; mais, du moins, qu'elle ne soit pas aussi longue que le moment en est mal choisi, et perdez le moins de temps qu'il vous sera possible.

— Je vous dis, Fitzurse, que c'est l'affaire de quelques heures, et qu'après-demain vous me verrez à York à la tête de ma brave compagnie, prêt à exécuter tous les plans que votre politique aura tracés. Mais mes camarades m'attendent, adieu ; je vais, en vrai chevalier, conquérir les sourires de la beauté.

— En vrai chevalier ! répéta Waldemar en le regardant s'éloigner : dis en vrai fou, en enfant qui oublie les affaires les plus sérieuses pour courir après un papillon..... Et voilà les instrumens qu'il faut que j'emploie. Et pour qui ? pour un prince aussi imprudent que présomptueux, qui sera probablement un maître aussi ingrat qu'il s'est montré fils rebelle et frère dénaturé..... Mais lui-même n'est aussi qu'un des ressorts que je fais jouer, et c'est un secret que je me réserve de lui apprendre s'il ose jamais séparer ses intérêts des miens.

Les réflexions de l'homme d'état furent interrompues ici par la voix du prince, qui d'un appartement intérieur s'écria : — Waldemar ! Waldemar Fitzurse ! Et, ôtant sa toque en signe de respect, le futur chancelier d'Angleterre, car c'était à ce grade élevé qu'aspirait l'ambition du courtisan normand, se hâta d'aller recevoir les ordres du futur monarque.

CHAPITRE XVI.

« Un vénérable ermite habitait ce désert.
» La mousse était son lit, des fruits sa nourriture,
» Un antre son palais, sa boisson de l'eau pure ;
» La prière en ce lieu l'occupait nuit et jour,
» Et Dieu, Dieu seul était l'objet de son amour. »

PARNELL.

Le lecteur ne peut avoir oublié que, dans la seconde journée du tournoi, la victoire fut décidée par la valeur d'un chevalier inconnu que les spectateurs avaient surnommé *le Noir-Fainéant*, en remarquant l'air passif et indolent qu'il avait montré pendant la première partie du combat. Ce chevalier avait quitté la lice au moment du triomphe, et lorsqu'on le chercha pour lui accorder la récompense due à sa valeur, il fut impossible de le trouver. Pendant que les hérauts d'armes l'appelaient à haute voix et avec des fanfares, il marchait vers le nord, évitant les chemins les plus fréquentés, et prenant la route la plus courte à travers les bois. Il passa la nuit dans une petite auberge isolée, où il rencontra pourtant un ménestrel, qui lui apprit que le prix du tournoi avait été décerné, attendu son absence, au chevalier Déshérité.

Il partit le lendemain dès le point du jour, dans le dessein d'avancer le plus qu'il lui serait possible vers le terme de son voyage; et il avait eu soin la veille de ménager son cheval de manière à ce qu'il fût en état de faire une longue traite sans avoir besoin de beaucoup de repos. Il ne fit pourtant pas autant de chemin qu'il espérait; car les sentiers qu'il suivait dans les bois étaient si tortueux, que, lorsque la nuit tomba, il n'était encore que sur la lisière du West-Riding de l'Yorkshire. Il était temps qu'il songeât à trouver quelque nourriture, tant pour lui que pour son coursier, et un gîte où il pût passer la nuit. L'endroit où se trouvait le voyageur ne paraissait propre à lui fournir ni l'un ni l'autre, et il semblait devoir être réduit à l'expédient ordinaire des chevaliers errans, qui, en pareils cas, laissaient paître leurs chevaux en liberté, s'étendant eux-mêmes par terre sous un chêne pour rêver à la dame de leurs pensées. Mais, soit que le chevalier Noir n'eût pas de maîtresse, soit qu'il fût aussi nonchalant en amour qu'il avait paru l'être dans le tournoi, les méditations sur les attraits et les rigueurs d'une belle n'étaient pas en état de lui faire oublier la fatigue et la faim, et de lui tenir lieu de lit et de souper. Il ne fut donc pas très-satisfait quand, jetant les yeux autour de lui, il ne se vit environné que de bois. A la vérité, dans ces bois il y avait plusieurs clairières et des sentiers, mais de ces sentiers que tracent les bêtes fauves ou les chasseurs qui les poursuivent.

Le soleil, d'après lequel le chevalier avait jusqu'alors dirigé sa course, venait de se cacher, sur sa gauche, derrière les montagnes du comté de Derby; et plus il marchait, moins il pouvait savoir s'il avançait vers le but de son voyage, ou s'il s'écartait de sa route. Parmi les différens sentiers qui se croisaient dans le bois, il s'efforça de reconnaître lequel était le plus battu, dans l'espoir qu'il le conduirait à la chaumière de quelque forestier; mais aucun ne paraissait plus fréquenté que l'autre; et, ne sachant lequel choisir, il résolut de s'en rapporter à la sagacité de son cheval, l'expérience lui ayant appris que l'instinct de ces animaux est quelquefois plus sûr que toute l'expérience de leur maître.

Le généreux coursier, quoique fatigué d'une longue journée sous un cavalier de haute taille, fortement constitué et couvert d'une armure pesante, ne sentit pas plus tôt les rênes flotter sur son cou, que, reconnaissant qu'il était abandonné à lui-même, il sembla reprendre un nouveau courage et une nouvelle vigueur. A peine auparavant répondait-il à l'éperon, et alors, comme fier de la confiance qu'on lui accordait, il releva la tête, et prit de lui-même un trot plus vif. Le sentier qu'il choisit ne conduisait pas dans la même direction que le chevalier avait suivie toute la journée; et cependant celui-ci résolut de s'en rapporter aveuglément à son choix.

L'événement le justifia; le sentier s'élargit peu à peu, et le son d'une petite cloche annonça bientôt au chevalier qu'il n'était pas loin de quelque chapelle ou de quelque ermitage.

Il ne tarda pas à se trouver dans une clairière, sur un des côtés de laquelle s'élevait presque perpendiculairement un rocher tapissé de lierre. On y voyait aussi des touffes de houx et quelques chênes nourrissant leurs racines dans des crevasses remplies de terre, et qui laissaient flotter leurs rameaux verts sur un précipice, semblables au panache d'un guerrier, donnant de la grace à un casque fait pour inspirer la seule terreur. Contre la base du rocher était appuyée une chaumière dont les murs étaient formés de troncs d'arbres joints ensemble par un mélange de terre et de mousse. Le tronc d'un jeune sapin, auquel on avait attaché transversalement vers le haut une grosse branche, offrait aux yeux un emblème grossier de la sainte croix. A quelque distance, une source d'eau pure sortait du rocher, et tombait dans une pierre creuse dont le travail des mains avait fait une espèce de bassin rustique. S'échappant ensuite, elle descendait en murmurant dans un lit creusé par le temps; et, après avoir fait quelques détours dans la petite plaine que formait la clairière, disparaissait dans le bois voisin.

A côté de cette fontaine étaient les ruines d'une petite chapelle dont le toit était tombé en partie. Ce petit édifice, même quand il était entier, n'avait jamais eu plus de seize pieds de longueur sur douze de largeur; et le toit, dont l'élévation était proportionnée à ses autres dimensions, était formé de quatre arcades soutenues par des piliers massifs, et dont deux s'étaient écroulés. Le portail était décoré d'ornemens en zigzag, en forme de dents de requin et semblables à ceux qu'on voit encore dans les anciennes églises saxonnes ; sur le porche s'élevait un beffroi auquel était suspendue la petite cloche dont le son avait été entendu, quelques instans auparavant, par le chevalier Noir.

La vue de cet ermitage ne lui laissa nul doute que l'anachorète qui y habitait ne lui permît d'y passer la nuit : car les ermites qui logeaient dans les bois se faisaient un devoir de donner l'hospitalité aux voyageurs égarés ou surpris par les ténèbres. Il sauta donc à bas de son cheval sans se donner le temps d'examiner les lieux avec autant de détail que nous ; mais, remerciant saint Julien, patron des voyageurs, il frappa à la porte avec le bout de sa lance, dans l'espoir qu'elle s'ouvrirait pour lui.

Ce ne fut qu'après avoir frappé deux fois qu'il obtint une réponse, et elle n'était pas conçue en termes favorables.

— Passe ton chemin, qui que tu sois, répondit une voix forte et brusque, ne trouble pas dans ses dévotions du soir le serviteur de Dieu et de saint Dunstan.

— Révérend père, répondit le chevalier, je suis un pauvre voyageur égaré dans ces bois ; en m'accordant l'hospitalité pour cette nuit, vous ferez un acte de charité chrétienne.

— Mon frère, bien loin de pouvoir faire la charité, il a plu à la sainte Vierge et à saint Dunstan que je la reçusse des autres. Je n'ai ici aucune provision qu'un chien voulût partager avec moi, et un cheval un peu délicat ne voudrait pas de ma couche pour litière. Passe donc ton chemin, et que le ciel t'assiste !

— Mais comment trouverai-je mon chemin dans ce bois, au milieu des ténèbres ? Je vous en supplie, révérend père, ouvrez au moins votre porte, et venez m'indiquer ma route.

— Je vous en supplie, bon frère en Dieu, reprit l'anachorète, ne m'importunez pas davantage; vous avez déjà interrompu un *pater*, deux *ave* et un *credo*, que mon vœu de misérable pécheur m'oblige à dire avant le lever de la lune.

— La route! la route! s'écria le chevalier; la route! si je ne dois pas attendre davantage de toi.

— La route est facile. Le sentier en face de ma cellule conduit à un marécage bordé par un ruisseau qui doit être guéable, attendu qu'il n'y a pas eu de fortes pluies depuis quelque temps. Mais n'en approche qu'avec précaution, parce que les bords en sont escarpés, et qu'il s'y trouve plusieurs précipices. Ensuite tu suivras un mauvais chemin rompu, et.....

— Un marécage, un gué, des précipices, un chemin rompu! s'écria le chevalier : messire ermite, quand vous seriez le plus saint des anachorètes présens, passés et futurs, vous ne réussiriez pas à me persuader de faire une telle route pendant les ténèbres. Puisque vous vivez de la charité des autres, sans la mériter, comme je m'en doute, vous n'avez pas le droit de la refuser. Ouvrez-moi donc à l'instant la porte de votre ermitage, ou, de par le ciel, vous m'obligerez à l'enfoncer.

— Ami voyageur, répliqua l'ermite, ne me force pas à faire usage des armes charnelles que le ciel m'a accordées pour ma défense, tu n'y gagnerais rien.

Des aboiemens qui se firent entendre en ce moment apprirent au chevalier que l'ermite venait d'appeler pour auxiliaires des chiens qu'il avait sans doute dans

une autre partie de son logis ; et, irrité des préparatifs
que faisait le cénobite pour persister dans son refus
d'hospitalité, il frappa si violemment la porte avec le
pied, que le poteau qui la soutenait en parut ébranlé.

— Patience, patience, bon voyageur, dit l'anachorète qui ne se souciait vraisemblablement pas d'exposer
sa porte à un second choc ; ménage tes forces, et je vais
t'ouvrir ; quoique peut-être tu puisses ne pas avoir raison de t'en féliciter.

A ces mots, la porte s'ouvrit, et l'ermite, homme vigoureux, couvert de son froc et de son capuchon, et
ayant pour ceinture une corde de joncs, parut devant
le chevalier. Il tenait d'une main une torche allumée,
et de l'autre un gros bâton noueux qui pouvait passer
pour une massue. Deux chiens de la plus grande taille
étaient à ses côtés, et semblaient n'attendre qu'un signal de leur maître pour s'élancer contre l'étranger.
Mais quand, à la lueur de sa torche, l'ermite vit un
chevalier armé de toutes pièces, il changea tout à coup
d'intention, et, congédiant ses deux alliés, il prit un
ton de politesse brusque, et l'invita à entrer dans sa
cellule, cherchant à s'excuser en même temps sur ce
qu'il n'ouvrait jamais sa porte après le coucher du soleil, de crainte des voleurs et des outlaws qui infestaient
les bois, et qui ne respectaient ni la sainte Vierge
ni saint Dunstan, ni ceux qui se dévouaient à leur service.

— La pauvreté de votre cellule, mon père, dit le
chevalier en jetant les yeux autour de lui après être entré, et en ne voyant qu'un lit de feuilles, un crucifix
grossièrement sculpté en chêne, un missel, une table
de pierre brute, deux escabelles, et quelques mauvais

ustensiles de ménage; la pauvreté de votre cellule semble devoir vous mettre à l'abri de toute crainte des brigands, sans parler de vos deux fidèles auxiliaires, qui sont de taille à terrasser un cerf, et auquel peu d'hommes, je crois, pourraient résister.

— Le garde-forestier, dit l'ermite, m'a permis de les conserver pour me protéger dans ma solitude, jusqu'à ce qu'il règne plus de sûreté dans le pays.

En parlant ainsi, il plaça sa torche dans une branche de fer enfoncée dans un des arbres qui formaient le mur; et, ranimant le feu en y ajoutant du bois sec, il s'assit sur une escabelle à côté de la table, et fit signe au chevalier d'en faire autant.

Ils s'assirent tous deux, et se regardèrent l'un l'autre quelques instans d'un air grave, chacun d'eux pensant probablement que jamais il ne s'était trouvé en face d'un homme qui eût l'air plus vigoureux et plus déterminé.

— Révérend ermite, dit enfin le chevalier, si je ne craignais d'interrompre vos pieuses méditations, je demanderais trois choses à votre révérence : d'abord, où je dois placer mon cheval, ensuite si vous pouvez me donner à souper, enfin où je dois passer la nuit.

— Ma règle me fait un devoir, répondit l'ermite, de ne rompre le silence qu'en cas d'absolue nécessité : je vous répondrai donc par gestes, autant qu'il me sera possible. Lui désignant alors successivement deux coins de sa cellule : — Voilà l'écurie, lui dit-il, voilà votre chambre à coucher. Prenant ensuite sur une planche une assiette contenant deux poignées de pois secs, et la plaçant sur la table devant son hôte : — Et voici votre souper, ajouta-t-il.

Le chevalier leva les épaules, et, sortant de la chaumière, il y fit entrer son cheval, qu'il avait attaché à un arbre. Il le désharnacha avec soin, et, ôtant son propre manteau, il le lui étendit sur le dos.

L'ermite fut touché probablement des soins que le chevalier prenait de son coursier, et de son adresse; il fit semblant de se rappeler que le garde forestier, lors de la dernière visite qu'il lui avait faite, avait laissé quelques restes de fourrage; et sortant par une porte située au fond de l'appartement, il rapporta une botte d'excellent foin et une mesure raisonnable d'avoine, qu'il mit devant le cheval de l'étranger. Étant sorti une seconde fois, il revint avec un sac de fougère sèche, qu'il étendit dans le coin qu'il avait désigné comme devant être la chambre à coucher du chevalier. Celui-ci le remercia de ses soins obligeans : après quoi chacun d'eux se plaça sur son escabelle à côté de la table où était toujours l'assiette de pois secs. L'ermite, après avoir prononcé un long *Benedicite* qui avait été jadis en latin, sans doute, mais où il était difficile de reconnaître cette langue, crut devoir montrer l'exemple à son hôte, en mettant trois ou quatre pois dans une grande bouche armée d'excellentes dents, aussi aiguës et aussi blanches que celles d'un sanglier.

Le chevalier, voulant l'imiter, ôta son casque, son corselet et la plus grande partie de son armure, et fit voir à l'ermite une tête couverte de cheveux blonds et bouclés naturellement, des traits prononcés, des yeux vifs et pénétrans, des moustaches d'une couleur un peu plus foncée que ses cheveux, enfin un homme ayant l'air aussi hardi et aussi entreprenant que semblait l'annoncer sa haute stature.

L'ermite, comme s'il eût voulu répondre à la confiance de son hôte, rejeta son capuchon en arrière, et découvrit une tête ronde, qui ne pouvait guère appartenir qu'à un homme de trente à trente-deux ans. Sa large tonsure était entourée d'un cercle de cheveux noirs et crépus. Ses traits n'annonçaient ni les austérités ni l'abstinence d'un cénobite ; ses joues étaient chargées d'embonpoint et de vermillon ; ses yeux, surmontés de gros sourcils noirs, à peine séparés l'un de l'autre, étaient pleins de feu et de hardiesse ; et ses muscles, ses membres robustes, indiquaient un homme nourri des meilleures viandes plutôt que de pois secs. Cette remarque n'échappa point au chevalier, qui, ayant broyé, non sans peine, une demi-douzaine de pois, demanda à son hôte quelque liquide pour l'aider à les avaler.

L'ermite satisfit à sa demande en plaçant devant lui une cruche pleine d'une eau pure et limpide. — Elle vient de la fontaine de saint Dunstan, dit-il ; cette fontaine dans laquelle il baptisa, entre deux soleils, cinq cents Danois païens. Que son nom soit béni ! Et, approchant la cruche de ses lèvres, il se contenta, malgré cet éloge, d'en prendre une gorgée.

— Révérend père, dit le chevalier, il me semble que ces pois secs, dont vous mangez si peu, et cette eau sainte dont vous ne buvez guère, ont sur vous une vertu miraculeuse. Vous m'avez l'air d'un homme plus propre à forcer le cerf à la course, et à combattre bravement un ennemi corps à corps, qu'à passer vos jours dans un désert à lire votre bréviaire et à chanter des psaumes.

— Vos pensées, sire chevalier, sont selon la chair, comme celles des ignorans laïques. Il a plu à la sainte Vierge et à saint Dunstan de bénir la nourriture à laquelle je me réduis, comme le ciel bénit jadis celle dont se contentèrent les saints enfans Sidrach, Misach et Abdenago, plutôt que de se souiller en touchant au vin et aux viandes que leur fit servir le roi des Sarrasins.

— Saint père, sur la figure duquel il a plu au ciel d'opérer un semblable miracle, permettez-vous à un humble pécheur de vous demander votre nom?

— Oui-da : on me nomme dans ce canton l'ermite de Copmanhurst. On y ajoute, il est vrai, l'épithète de saint, mais je n'y tiens pas, me trouvant indigne d'une telle addition à mon nom. Et vous, vaillant chevalier, m'apprendrez-vous comment se nomme mon hôte?

— Oui-da, ermite de Copmanhurst. On me nomme dans ce canton le chevalier Noir. On y ajoute, il est vrai, l'épithète de fainéant, mais je n'y tiens pas, me trouvant indigne d'une telle addition à mon nom.

L'ermite ne put s'empêcher de sourire de la réponse de son hôte.

— Sire chevalier Fainéant, lui dit-il, je vois que vous êtes un homme de sens et de bon conseil. Vous avez été habitué à la licence des cours et des camps, au luxe des grandes villes, et je pense que la simplicité du régime monastique ne vous convient point. Je crois me rappeler, sire Fainéant, que la dernière fois que le charitable garde forestier vint me voir, outre ces restes de fourrage, il a laissé quelques vivres, auxquels je n'ai pas touché, par égard pour ma règle ; et, absorbé, comme je le suis toujours, dans de profondes méditations, je ne songeais pas à vous les offrir.

— J'aurais juré qu'il en avait laissé, saint ermite, s'écria le chevalier. Dès l'instant que vous vous êtes découvert la tête, j'ai été convaincu qu'il devait se trouver dans votre ermitage quelque nourriture plus substantielle. Votre garde forestier est un brave homme. Et comment un homme qui voit des dents comme les vôtres moudre ces misérables pois, ce large gosier s'abreuver d'une si triste boisson, ne chercherait-il pas à vous procurer des alimens plus convenables? Tout cela, ajouta-t-il en montrant les provisions frugales qui étaient sur la table, n'est bon que pour mon cheval. Voyons donc, sans autre délai, en quoi consiste la munificence du digne garde forestier.

L'ermite jeta un regard pénétrant sur son hôte. Sa physionomie annonçait une incertitude comique. Il semblait qu'il hésitait encore à se fier à l'étranger. Mais la figure de celui-ci avait une expression si franche, elle respirait tellement la bonne foi et la loyauté, son sourire avait quelque chose de si comique et de si naïf en même temps, que l'ermite sentit ses soupçons s'évanouir. Il alla au fond de sa cellule, et y ouvrit une armoire dont la porte était cachée avec autant d'adresse que de soin, et en tirant un énorme pâté, il le plaça sur la table. Le chevalier en fit l'ouverture avec le poignard qu'il portait à sa ceinture, et ne perdit pas de temps pour faire plus intime connaissance avec le contenu.

— Y a-t-il long-temps, révérend père, que cet honnête garde forestier vous a fait visite? demanda le chevalier en mangeant avec appétit ce supplément ajouté au souper de l'ermite.

— Environ deux mois, répondit l'ermite sans y réfléchir.

— De par le ciel! tout est miraculeux dans votre ermitage. J'aurais juré que le gibier dont on a fait ce pâté savoureux courait encore dans ces bois il y a huit jours.

Cette observation décontenança l'ermite, qui d'ailleurs faisait une triste figure en voyant son hôte diriger contre le pâté une attaque vigoureuse, à laquelle il n'osait se joindre, attendu les protestations d'abstinence qu'il avait faites auparavant.

— A propos, sire ermite, dit le chevalier en cessant tout à coup de manger, je suis allé en Palestine, et je me rappelle qu'en ce pays il est d'usage que quiconque reçoit à table un convive goûte lui-même de tous les mets qu'il lui présente, afin de lui prouver qu'ils ne contiennent rien de malfaisant. A Dieu ne plaise que je vous soupçonne de mauvaises intentions; cependant je serais charmé de vous voir vous conformer à cette coutume.

— Par complaisance pour vos scrupules inutiles, sire chevalier, répondit l'ermite, je me départirai donc pour une fois de ma règle d'abstinence. Et comme il n'existait pas de fourchettes à cette époque, ses doigts se plongèrent au même instant dans les entrailles du pâté.

La glace étant ainsi rompue, l'hôte et le convive semblèrent faire assaut d'appétit; mais, quoique ce dernier eût probablement jeûné plus long-temps, l'ermite le laissa bien loin derrière lui.

— Ermite de Copmanhurst, dit le chevalier, je gagerais mon cheval contre un sequin, que le brave garde forestier à qui nous avons l'obligation de cet excellent pâté de venaison a laissé aussi quelques bouteilles de bon vin, comme auxiliaires de cette venaison. C'est une circonstance qui n'était pas digne de rester dans le souvenir d'un anachorète si rigide; mais je suis convaincu que si vous vouliez chercher encore dans le fond de votre cellule, vous trouveriez que je ne me trompe pas dans mes conjectures.

L'ermite se leva en souriant, ouvrit une seconde fois l'armoire où il avait pris le pâté, et en tira une grande bouteille de cuir qui pouvait en contenir huit de taille ordinaire. Il la mit sur la table avec deux coupes de corne cerclées en argent, et ayant fait cette addition au souper, il pensa qu'il pouvait laisser de côté toute contrainte. Remplissant donc les deux coupes, il en prit une, et disant en saxon : — Waës haël. A votre santé, sire chevalier Fainéant ! il la vida sans scrupule.

— Drink haël. A la vôtre, brave ermite ! dit le chevalier en l'imitant. Mais dites-moi comment il se fait qu'un homme ayant des membres comme les vôtres, doué d'ailleurs de tous les talens d'un excellent convive, se soit décidé à habiter seul dans ce désert. A mon avis, il vous conviendrait mieux de défendre un château ou un fort et de manger gras et de boire sec, que de vivre ici de pois et d'eau, ou même de dépendre de la charité du garde forestier. Si j'étais placé comme vous l'êtes, je voudrais du moins m'amuser à chasser les daims du roi. Il y en a en abondance dans cette forêt, et jamais on ne regretterait un daim tué pour le service du chapelain de saint Dunstan.

— Sire Fainéant, répondit l'ermite, de tels propos sont dangereux, et je vous invite à ne pas les répéter. Je suis un ermite fidèle au roi et aux lois. Si je me permettais de chasser le gibier de mon souverain, ne savez-vous pas que je m'exposerais à la prison, même à la potence, et que mon froc aurait peine à m'en sauver ?

— Cependant, si j'habitais cet ermitage, je me promènerais quelquefois au clair de lune, pendant que les gardes sont dans leur lit ; et tout en récitant mes matines, quand je rencontrerais un troupeau de daims, je leur décocherais quelques flèches. Dites-moi, en conscience, ne prenez-vous jamais ce passe-temps.

— Ami Fainéant, vous avez vu tout ce qui pouvait vous intéresser dans mon ermitage; vous en avez même vu plus que ne le méritait un homme qui s'y est établi presque de vive force. Croyez-moi, jouissez du bien que le ciel vous envoie, sans vous inquiéter de la manière dont il arrive. Remplissez votre coupe, buvez, mangez, vous êtes le bien-venu; mais ne me forcez point, par de nouvelles questions indiscrètes, à vous prouver que, si j'avais voulu sérieusement m'y opposer, vous ne seriez pas ici.

— Sur ma foi, vous piquez ma curiosité plus que jamais. Vous êtes l'ermite le plus mystérieux qu'on puisse voir, et il faut que je vous connaisse mieux avant de vous quitter... Quant à vos menaces, saint anachorète, apprenez que vous parlez à un homme dont la profession est de faire face à tous les dangers qui peuvent le menacer.

— A votre santé, sire chevalier Fainéant; je respecte votre valeur, mais je n'ai pas grande opinion de votre discrétion. Si vous voulez me combattre à armes égales, je vous infligerai une telle pénitence que, d'ici à un an, vous ne pécherez plus par curiosité.

— Et quelles sont vos armes, vaillant ermite de Copmanhurst?

— Depuis les ciseaux de Dalila et le clou de Jaël, jusqu'au cimeterre de Goliath, il n'en est aucune avec laquelle je ne sois en état de vous tenir tête; mais si vous m'en laissez le choix, voyez, mon digne ami, que dites-vous de ces deux joujoux?

En parlant ainsi, il ouvrit, dans un autre coin de la

cellule, une seconde armoire, et en tira deux épées bien affilées, et deux boucliers tels qu'on les portait alors. Le chevalier, qui suivait des yeux tous ses mouvemens, vit que cette armoire contenait aussi plusieurs arcs, une arquebuse, des traits et des flèches, une harpe, et d'autres objets qui ne paraissaient guère à l'usage d'un cénobite.

— Frère ermite, dit le chevalier, je ne vous ferai plus de questions indiscrètes : ce que j'ai vu dans cette armoire répond à toutes celles que j'aurais pu vouloir vous faire ; mais j'y vois une arme, ajouta-t-il en prenant la harpe, dont je me servirais plus volontiers que de toute autre pour joûter contre vous.

— J'espère, sire chevalier, que vous n'avez pas donné de justes raisons pour vous faire appliquer le surnom de *fainéant;* cependant je ne sais trop qu'en penser. Au surplus, vous êtes mon hôte, et je ne veux mettre votre courage à l'épreuve que de votre plein gré. Si vous savez quelque bon virelai, vous serez toujours le bien-venu à Copmanhurst, tant que je desservirai la chapelle de saint Dunstan, et ce sera, j'espère, jusqu'à ce que j'échange mon toit de chaume pour un autre de gazon. Asseyons-nous, buvons, chantons, remplissons nos coupes, car il faudra quelque temps pour mettre la harpe d'accord. Le vin rend la voix plus claire et l'oreille meilleure : quant à moi, il faut que le jus de la grappe m'arrive au bout des doigts avant que je puisse tirer quelques sons de mon instrument.

CHAPITRE XVII.

―

« A la clarté de ma lampe mourante,
» J'aime à chanter des cantiques pieux.
» ....
» ....
» ....
» Qui ne voudrait, dans mon simple ermitage,
» Ne plus songer à tous les vains plaisirs?
» Qui ne voudrait consacrer ses loisirs
   A la prière, au doux rêver du sage? »
                                    WARTON.

Le chevalier fit usage de la recette de l'ermite, et cependant ce ne fut pas sans peine qu'il parvint à accorder la harpe.

— Il manque une corde à cet instrument, dit-il, et les autres ne sont pas en très-bon état.

— Ah! vous en apercevez-vous? vous êtes donc un maître dans l'art de la musique! C'est la faute du vin, ajouta-t-il gravement en levant les yeux au ciel, la faute du vin et de l'intempérance. J'avais dit à Allan-a-Dale, le ménestrel du Nord, de ne pas y toucher après la septième coupe; mais Allan-a-Dale ne veut pas qu'on le contrôle. — Ami, je bois à votre science musicale!

En parlant ainsi, il vida sa coupe d'un air grave, en secouant la tête pour blâmer l'intempérance du ménestrel du Nord.

Cependant la harpe était accordée autant qu'elle était susceptible de l'être; et le chevalier, après avoir préludé un instant, demanda à l'ermite s'il voulait une *sirvente* en langue d'*oc*, ou un *lai* en langue d'*oui*, ou un *virelai*, ou une ballade en anglais vulgaire.

— Une ballade, une ballade! répondit l'ermite : cela vaut cent fois mieux que tous les *oc* et les *oui* de France. Je suis un franc Anglais, sire chevalier, comme l'était mon bienheureux patron saint Dunstan, et je me moque des *oc* et des *oui*, comme il se serait moqué des griffes du diable. On ne doit chanter que de l'anglais dans cette cellule.

— Je vais donc vous chanter une ballade composée par un ménestrel que j'ai connu dans la Terre-Sainte.

Il était aisé de voir que si le chevalier n'était pas maître accompli dans la science des ménestrels, au moins il l'avait cultivée sous les plus habiles. L'art lui avait appris à tirer parti d'une voix qui avait naturellement peu d'étendue, et qui était plus dure que moelleuse. Il aurait donc mérité les applaudissemens de juges plus éclairés que l'ermite, d'autant plus que chantant avec ame, et, au besoin, avec l'accent d'un enthousiasme plaintif, il ajoutait une véritable énergie aux vers de la ballade.

IVANHOE.
LE RETOUR DU CROISÉ.

I.

Le chevalier que sa prouesse
Naguère a conduit aux saints lieux,
Sous le balcon de sa maîtresse
Arrive pauvre et glorieux.
De ses combats il a pour gage
Les coups empreints sur son écu,
Et célèbre ainsi son servage
Sitôt que le soir est venu : —

II.

— « Noble Dame, honneur à tes charme
Ton chevalier est de retour :
Il ne lui reste que ses armes,
Son bon coursier et son amour :
Devant sa lance et son épée
Souvent le Sarrasin trembla !
Mais il n'a que ce seul trophée
— Et le sourire de Tekla.

III.

— « Honneur éternel à la belle
Qui sut inspirer la valeur
Du chevalier tendre et fidèle.....
A son nom éternel honneur.
Héraut, menestrel, et trouvère
Diront, pour honorer son nom:
« — Ce preux, dans l'espoir de lui plaire
Conquit la palme d'Ascalon.

IV.

Son sourire digne d'un trône,
Fut fatal à plus d'un guerrier !
Pour elle le soudan d'Icone
Fut vaincu par le chevalier.
De sa chevelure flottante
Le voile d'or pare son sein,
Et pour chaque boucle charmante
Il est mort un chef sarrasin.

v.

— « Noble dame, gloire à tes charmes,
Mon nom doit rester inconnu;
De chaque exploit fait par mes armes,
L'honneur entier te sera dû !
— Il est nuit ; daigne ouvrir ta porte,
Si mon amour l'a mérité :
Rends heureux celui qui t'apporte
Gloire, honneur, immortalité (1).

Pendant que le chevalier chantait ainsi, l'ermite se démenait comme un critique de profession assistant à la première représentation d'un opéra : la tête à demi penchée sur sa poitrine, les yeux presque fermés, tantôt les mains jointes et faisant alternativement passer ses pouces l'un sur l'autre, tantôt battant la mesure du pied et du bras en même temps. Quand la voix du chanteur ne pouvait s'élever aussi haut que l'harmonie l'exigeait, suivant le goût de l'ermite, il y joignait la sienne, comme pour l'aider à remplir sa tâche; et lorsque la romance fut finie, l'anachorète proclama emphatiquement qu'elle était bonne et bien chantée!

— Cependant, ajouta-t-il, je crois que le brave chevalier saxon avait vécu assez long-temps avec les Normands pour être tombé dans le genre langoureux ! Qu'allait faire ce brave chevalier dans les pays d'outre-mer ? Ne devait-il pas s'attendre, à son retour, à trouver sa maîtresse agréablement consolée par un rival plus assidu auprès d'elle ? Ne devait-il pas craindre qu'elle n'écoutât pas plus sa *sérénade*, comme on l'ap-

(1) Quoique la première version de cette romance ait reçu une espèce de consécration, ayant été mise en musique, nous avons cru pouvoir en substituer une autre, moins dans l'espoir de mieux faire que pour nous rapprocher davantage du sens du texte. — Éd.

pelle, que le chat miaulant sur les gouttières? Au surplus, sire chevalier je bois à vous, et au succès des vrais amans. Je crois que vous n'êtes pas du nombre, quant à vous, dit-il en voyant que le chevalier, qui craignait que de si fréquentes et de si copieuses libations ne lui échauffassent le cerveau, prenait la cruche pour ajouter de l'eau à son vin.

— Ne m'avez-vous pas dit que c'était de l'eau de la fontaine de votre bienheureux patron, de saint Dunstan?

— Sans doute, et il y a baptisé des païens par centaines; mais je n'ai lu nulle part qu'il en ait jamais bu. Chaque chose dans ce monde doit être employée à l'usage qui lui convient. Saint Dunstan connaissait tout aussi bien qu'un autre les prérogatives d'un joyeux frère.

A ces mots, il prit la harpe, et s'en accompagna pour faire entendre à son hôte les couplets suivans sur un ancien air anglais, espèce de canon fait pour être chanté en chœur (1).

LE JOYEUX FRÈRE.

Prenez un an, prenez-en deux,
Courez la France et l'Angleterre,
Quel homme y trouvez-vous heureux?
Le joyeux Frère.

(1) Ce canon remonte par son ancienneté non-seulement jusqu'aux temps de l'heptarchie, mais jusqu'à ceux des druides, et l'on prétend que c'était l'air sur lequel les chœurs de ces vénérables pontifes chantaient leurs hymnes pendant la cérémonie du *guy*.

Un guerrier meurt au champ d'honneur,
Sa veuve, hélas! se désespère :
Quel sera son consolateur?
　　Le joyeux Frère.

Que désire pour son guerdon
Le prince à son heure dernière?
C'est le froc et le capuchon
　　Du joyeux Frère.

Riche et pauvre, brave et poltron,
Chacun le fête et le révère.
Chaque maison est la maison
　　Du joyeux Frère.

Le mari lui donne en tous lieux
A table la place première;
Et la femme traite encor mieux
　　Le joyeux Frère.

Du diable, pour braver le choc,
Pour semer de fleurs sa carrière,
Vivent la sandale et le froc
　　Du joyeux Frère (1)!

— Fort bien chanté, sur mon honneur, s'écria le chevalier, et à l'éloge de votre robe! Mais, à propos du diable, saint ermite de Copmanhurst, ne craignez-vous pas quelquefois qu'il ne vienne vous rendre visite au milieu de vos passe-temps peu canoniques?

— Moi peu canonique!..... répliqua l'ermite. Mais je

(1) Le traducteur n'a point reproduit ici *littéralement* le *barefooted-friar* (le moine déchaussé), ni les paroles, ni le rhythme; mais il serait difficile de traduire avec plus de bonheur ce joyeux canon, et nous serions surpris qu'on pût faire mieux. On pourrait être plus *exact*, mais non plus fidèle. — ÉD.

méprise cette accusation, je la mets sous mes pieds. Je m'acquitte de tous les devoirs de mon ordre, matines, primes, tierces, sextes, vêpres et complies : je récite jour et nuit des *pater*, des *ave*, des *credo*.....

— Excepté pendant les clairs de lune, dans la saison du gibier.

— *Exceptis excipiendis* (1) : c'est la réponse que notre vieux abbé m'a dit qu'il fallait faire quand quelque impertinent laïque me demanderait si j'accomplissais exactement toutes les minuties de ma règle.

— Fort bien, révérend père, mais le diable a l'œil sur ces exceptions; vous savez qu'il tourne autour de nous comme un lion rugissant.

— Qu'il tourne et qu'il rugisse tant qu'il voudra. Une touche de la corde qui me sert de ceinture le ferait beugler comme il beugla autrefois quand saint Dunstan lui serra le nez avec des pincettes. Je n'ai jamais craint homme qui vive, et je ne crains pas davantage le diable et toutes ses diableries. Saint Dunstan, saint Dubric, saint Winibald, saint Winifred, saint Swibert, saint Willick, sans oublier saint Thomas de Kent, et le petit nombre de mes propres mérites, me mettent en état de le défier, lui, sa queue et ses cornes. Mais, pour vous dire un secret, mon digne ami, je ne parle jamais de tels sujets qu'après matines.

Il changea alors de conversation, et ils avaient passé deux ou trois heures à boire et à rire, à causer et à chanter, quand on frappa à coups redoublés à la porte de l'ermitage.

Quelle était la cause de cette interruption ? C'est ce

(1) Excepté les cas à excepter.

que nous ne pouvons expliquer qu'en allant rejoindre une autre compagnie : car, de même que l'Arioste, nous ne nous piquons pas d'accompagner fidèlement aucun des personnages de notre histoire.

CHAPITRE XVIII.

> « Nous allons parcourir les vallons, les forêts,
> » Où le faon bondissant accompagne sa mère;
> » Où le chêne au long bras, arrêtant la lumière,
> » Fait, en dépit du jour, naître l'obscurité.
> » Levons-nous et partons. Cet endroit écarté
> » Est craint du voyageur, quand la pâle Cynthie
> » Répand comme à regret sa lueur réfléchie. »
>
> *La Forêt d'Ettrick.*

Lorsque Cedric le Saxon vit son fils tomber dans l'arène à Ashby, son premier mouvement le porta à donner ordre aux gens de sa suite d'aller lui prodiguer tous leurs soins; mais cet ordre expira sur ses lèvres. Il ne put se décider à reconnaître ainsi publiquement un fils banni de sa maison, et contre lequel il avait prononcé une sentence d'exhérédation. Cependant il commanda à Oswald de prendre avec lui deux de ses serfs, de ne pas perdre Ivanhoe de vue, et de le transporter à Ashby aussitôt que la foule serait dissipée. Oswald fut prévenu dans cette bonne œuvre. La foule se dispersa en effet bientôt, mais d'autres mains avaient déjà transporté ailleurs le chevalier blessé : Oswald le chercha vainement dans sa tente; il y vit les traces de son sang, mais il ne put apprendre ce qu'il était devenu; il semblait que des fées s'étaient chargées de l'enlever.

Oswald, superstitieux comme l'étaient tous les Saxons, aurait peut-être expliqué de cette manière la disparition d'Ivanhoe, si ses réflexions n'avaient pris un autre cours en apercevant un homme vêtu en espèce d'écuyer, et dans lequel il reconnut les traits de son camarade Gurth. Celui-ci, inquiet du sort de son maître, désespéré de ne pouvoir le retrouver, le cherchait de tous côtés, sans penser aux précautions qu'exigeait le soin de sa propre sûreté. Oswald crut de son devoir de l'arrêter comme un serf fugitif sur le sort duquel Cedric devait prononcer.

Ayant pourtant cherché à obtenir de nouvelles informations sur ce qu'était devenu le fils de son maître, la seule chose qu'il put apprendre fut que le chevalier avait été placé, par des valets bien vêtus, dans la litière d'une dame qui se trouvait au nombre des spectateurs, et avait été ensuite emmené hors de la lice. Mais de quel côté l'avait-on conduit? c'est ce que personne ne put lui dire. Il porta donc ces nouvelles à son maître, et se fit suivre de Gurth, qu'il regardait comme une espèce de déserteur.

Le thane saxon avait été dans les plus vives inquiétudes sur son fils jusqu'au retour de son échanson, car la nature avait fait entendre sa voix en dépit du stoïcisme patriotique qui voulait l'étouffer; mais dès qu'il eut appris que d'autres mains, probablement celles de quelques amis, s'étaient emparées d'Ivanhoe, et lui prodiguaient sans doute tous les soins que sa situation exigeait, l'amour paternel céda la place à l'orgueil et au ressentiment qu'avait fait naître en lui ce qu'il appelait la désobéissance de son fils.

— Qu'il aille où il voudra, dit-il ; que ceux pour l'amour desquels il a reçu ces blessures prennent soin de leur guérison. Il est plus fait pour se distinguer dans les tours de jongleurs de la chevalerie normande, que pour soutenir l'honneur et la gloire de ses ancêtres saxons avec le glaive et la hache, anciennes armes de son pays.

— Si pour soutenir l'honneur de ses ancêtres, dit lady Rowena, il suffit d'entreprendre avec prudence, d'exécuter avec courage, d'être le plus brave des braves, et de se distinguer autant par la douceur que par la soumission, je ne connais que la voix de son père qui puisse.....

— Silence, lady Rowena ! ce sujet est le seul sur lequel je ne puisse vous entendre. Préparez-vous à vous rendre au banquet du prince. Nous y avons été invités avec la courtoisie la plus honorable, avec des égards tels que ces fiers Normands n'en ont que bien rarement montré à un Saxon depuis la fatale journée d'Hastings. Je m'y trouverai, ne fût-ce que pour prouver à ces orgueilleux Normands combien peu le destin d'un fils qui a vaincu leurs plus vaillans champions peut affecter un Saxon.

— Je n'irai point, répondit lady Rowena ; et prenez garde que ce que vous regardez comme courage et fermeté ne passe pour dureté de cœur.

— Restez donc, ingrate dame, dit Cedric ; c'est vous

dont le cœur est dur et insensible, puisque vous sacrifiez les intérêts d'un peuple opprimé à une passion aveugle et inutile. Je vais chercher le noble Athelstane, et j'irai avec lui au festin de Jean d'Anjou.

Il se rendit effectivement au banquet dont on a déjà vu les principaux événemens. Dès qu'ils furent sortis du château, les deux Saxons, avec leur suite, montèrent à cheval, et se disposèrent à quitter Ashby. Ce fut pendant le tumulte de ce départ précipité que Cedric aperçut, pour la première fois, le déserteur Gurth. Le noble Saxon, comme on l'a vu, n'était pas revenu du banquet de très-bonne humeur : il avait besoin d'un prétexte pour se livrer à sa colère, et le pauvre Gurth en fut la victime.

— Qu'on le garotte! s'écria-t-il, qu'on le garotte! Oswald! Hundibert! misérables! comment osez-vous laisser ce drôle en liberté? Sans oser hasarder une remontrance en faveur de Gurth, ses compagnons lui lièrent les mains derrière le dos avec une courroie, et il se soumit à ce traitement sans faire entendre une seule plainte; seulement il jeta sur son maître un regard de reproche, et lui dit : — Cela vient de ce que j'aime votre sang plus que le mien propre.

— A cheval, et en avant! s'écria Cedric.

— Il en est grandement temps, dit Athelstane : car si nous ne marchons pas bon train, l'arrière-souper (1) que le digne abbé Waltheof nous a fait préparer ne vaudra plus rien.

Nos voyageurs firent pourtant assez de diligence pour

(1) *Rere-supper*. C'était un repas de nuit. Ce mot signifiait généralement une collation servie tard, et après le souper proprement dit. — L. T.

prévenir ce malheur. L'abbé de Saint-Withold, issu lui-même d'une ancienne famille saxonne, et parent éloigné de Cedric, reçut les nobles Saxons avec toute l'hospitalité dont cette nation se piquait; et le souper du couvent fut aussi splendide que l'avait été le dîner du prince. On resta à table fort avant dans la nuit, et l'on ne quitta l'abbé, le lendemain, qu'après avoir partagé avec lui un somptueux déjeuner.

Comme la cavalcade sortait de la cour du monastère, il arriva un incident un peu alarmant pour des Saxons, qui, de tous les peuples de l'Europe, étaient les plus superstitieux, relativement aux présages; et c'est à eux qu'il faut faire remonter plusieurs usages singuliers mentionnés dans nos antiquités nationales. Les Normands, étant une race mêlée, et plus avancée de quelques pas vers la civilisation, avaient perdu la plupart des préjugés que leurs ancêtres avaient apportés de Scandinavie, et se piquaient de penser librement sur ce sujet.

Dans le cas dont nous parlons, la crainte de quelque malheur inconnu fut inspirée par un prophète bien respectable sans doute: un gros chien noir et maigre, assis sur ses pattes de derrière à la porte du monastère, se mit à hurler d'une manière lamentable quand les premiers cavaliers en sortirent, et il suivit ensuite la cavalcade en aboyant, en courant de droite et de gauche.

— Je n'aime pas cette musique, mon père, dit Athelstane à Cedric; car il lui donnait souvent ce titre, par respect pour son âge.

— Je ne l'aime pas davantage, notre oncle, lui dit Wamba. Je crains que nous n'ayons les musiciens à payer.

— A mon avis, dit Athelstane, sur la mémoire de qui

la bonne ale de l'abbé avait fait une impression favorable, car la ville de Burton était déjà célèbre par cette généreuse boisson ; à mon avis, nous ferions mieux de rentrer dans l'abbaye, et de ne partir qu'après avoir dîné. C'est toujours un mauvais présage que de trouver le matin, sur son chemin, un moine, un lièvre, ou un chien qui aboie.

— Fi donc! s'écria Cedric d'un ton d'impatience ; la journée sera à peine assez longue pour notre voyage. D'ailleurs, je connais ce chien ; il appartient à Gurth, et c'est un déserteur inutile comme son maître.

Irrité de ce que l'animal ne cessait d'aboyer, il se leva sur ses étriers, et saisissant une javeline, il la lança contre le pauvre Fangs : car c'était Fangs qui, ayant suivi les traces de son maître, et joyeux de l'avoir retrouvé, lui témoignait à sa manière le plaisir que lui faisait cette réunion. Peu s'en fallut que le fidèle animal ne fût cloué sur la terre ; mais heureusement l'instrument de mort ne fit que lui effleurer l'épaule ; et, poussant des cris de douleur, le chien blessé s'enfuit loin de la présence du thane courroucé.

Il fut plus difficile à Gurth de pardonner le meurtre projeté de son fidèle compagnon que les liens dont il était chargé. Ayant fait un mouvement irréfléchi et inutile pour porter la main à ses yeux, il appela Wamba, qui, ayant vu son maître de mauvaise humeur, s'en était prudemment écarté. — Wamba, lui dit-il, rends-moi le service de m'essuyer les yeux avec un pan de ton manteau : la poussière me fait pleurer, et les liens dont je suis chargé ne me permettent pas de me servir moi-même.

Wamba fit ce qu'il désirait, et ils marchèrent quelque temps côte à côte en silence. Enfin Gurth ne pouvant résister plus long-temps à son émotion : — Ami Wamba, dit-il, de tous ceux qui sont assez fous pour servir Cedric, toi seul tu as eu assez d'adresse pour lui rendre ta folie agréable. Vas donc le trouver, et dis-lui que, ni par amour ni par crainte, Gurth ne le servira davantage. Il peut me charger de fers, me faire battre de verges, me mettre à mort; mais il ne me forcera jamais à l'aimer ni à lui obéir. Va donc lui dire que Gurth, fils de Beowulph, renonce à son service.

— Tout fou que je suis, répondit Wamba, je ne ferai point cette commission de fou. Cedric a encore une javeline à la main, et tu sais qu'il manque rarement son but.

— Que je lui en serve moi-même bientôt, dit Gurth, peu m'importe. Ce que tu ne veux pas lui dire, je le lui dirai moi-même. Hier il a laissé son fils, mon jeune maître Wilfrid, baigné dans son sang; aujourd'hui il a voulu donner la mort sous mes yeux à la seule autre créature vivante qui m'ait jamais montré de l'amitié. Par saint Edmond, saint Dunstan, saint Withold, saint Édouard-le-Confesseur, et tous les saints saxons du calendrier (car Cedric ne jurait jamais par aucun saint qui ne fût de race saxonne, et tous ses gens imitaient son exemple), jamais je ne lui pardonnerai.

— Mais, à ce que je pense, dit Wamba qui jouait souvent le rôle de pacificateur, notre maître voulait seulement effrayer Fangs, et non le blesser. Il s'est levé sur ses étriers, afin de faire plus sûrement passer sa javeline au-dessus de sa tête, et il y aurait réussi sans un malheureux bond que Fangs a fait en ce moment. D'ailleurs sa blessure n'est qu'une égratignure, et je la guérirai avec un emplâtre de poix d'un penny.

— Si je le croyais, s'écria Gurth, si je pouvais le croire ! Mais non, j'ai vu partir la javeline; le coup était bien dirigé. J'ai entendu le trait siffler en l'air avec toute la méchanceté de celui qui l'avait lancé; je l'ai vu trembler après s'être fixé en terre, comme de regret d'avoir manqué son but. Non, de par le pourceau de saint Antoine, je renonce à le servir.

Ces mots furent les derniers qu'il prononça, et les efforts réitérés de Wamba ne purent réussir à lui faire rompre le silence.

Pendant ce temps, Cedric et Athelstane, qui marchaient à la tête de la troupe, causaient de la situation intérieure du pays, des dissensions qui régnaient dans la famille royale, des querelles féodales qui divisaient la noblesse normande, des occasions que les Saxons opprimés pouvaient trouver de secouer le joug des Normands, ou du moins de s'en faire craindre et respecter pendant les convulsions intestines qui paraissaient devoir avoir lieu. Sur ce sujet, Cedric était tout enthousiasme. Le rétablissement de l'indépendance de sa race était le rêve chéri de son cœur, et il y avait volontairement sacrifié son bonheur domestique et les intérêts de son fils. Pour opérer cette grande révolution en faveur des anciens habitans du pays, il fallait qu'il régnât un parfait accord entre eux, et qu'ils agissent sous un chef reconnu. La nécessité de choisir ce chef parmi des descendans du sang royal était évidente, et ceux à qui Cedric avait confié ses projets secrets, ses plus chères espérances, en avaient fait d'ailleurs la condition expresse de leur coopération. Athelstane avait au moins cette qualité ; il était le dernier rejeton mâle des rois saxons. Quoiqu'il n'eût pas les talens nécessaires à un chef de parti, il avait un extérieur imposant, il ne manquait pas de bravoure, il avait l'habitude des exercices militaires, et il paraissait disposé à suivre les avis de conseillers plus sages que lui ; par-dessus tout, on le savait libéral et hospitalier, et il passait pour être doué d'un bon caractère. Mais, quels que fussent ses droits, bien des gens penchaient pour donner la préférence à ceux de lady Rowena, descendante en ligne directe du grand Alfred ; son père avait été un chef renommé par son courage, par sa sagesse, par sa générosité, et il vivait encore honorablement dans le souvenir de ses concitoyens.

Il n'aurait pas été difficile à Cedric, s'il en avait eu la volonté, de se mettre lui-même à la tête d'un troisième parti, qui aurait été au moins aussi formidable qu'aucun des deux autres. S'il n'était pas du sang royal, il avait du courage, de l'activité, de l'énergie, et, par-dessus tout, cet entier dévouement à la cause patriotique qui l'avait fait surnommer LE SAXON. Sa naissance ne le cédait d'ailleurs qu'à celle d'Athelstane et de sa pupille. Mais à toutes les qualités dont il était doué il joignait le plus grand désintéressement ; et, au lieu de chercher à diviser encore sa nation affaiblie en y formant un parti en sa faveur, son plan favori était de réunir les deux autres en donnant lady Rowena pour épouse à Athelstane. L'attachement réciproque qui s'était formé entre sa pupille et son fils y mettait obstacle, et tel était le motif qui l'avait déterminé à bannir Ivanhoe de la maison paternelle.

Cedric avait adopté cette mesure rigoureuse, dans l'espoir que l'absence de Wilfrid guérirait lady Rowena de son attachement pour lui. Mais il se trompa dans ce calcul, ce qu'il aurait pu attribuer en partie à la manière dont il l'avait élevée. Le Saxon, pour qui le nom d'Alfred était comme celui d'une divinité, avait traité l'unique descendante de ce monarque avec un degré de respect qu'on accordait à peine dans ce temps à une princesse reconnue. La volonté de lady Rowena avait toujours été une loi pour lui ; et, comme s'il eût voulu mieux établir dans toute sa maison l'espèce de souveraineté qu'il lui accordait, il se faisait gloire d'agir comme le premier de ses sujets. Habituée ainsi, je ne dirai pas à faire toutes ses volontés, mais à exercer une autorité despotique, lady Rowena ne pouvait être disposée à céder aux tentatives qu'on pourrait faire pour contraindre les mouvemens de son cœur et lui donner un époux dont ce cœur n'avait pas fait choix ; elle était au contraire très-portée à faire valoir son indépendance en un point sur lequel les femmes les plus accoutumées à l'obéissance et à la soumission opposent quelquefois de la résistance à l'autorité de leurs parens ou de leurs tuteurs. Tout ce qu'elle sentait vivement, elle l'exprimait sans détour ; et Cedric, qui ne pouvait secouer tout-à-fait la déférence habituelle qu'il avait pour sa pupille, ne savait trop comment s'y prendre pour lui faire adopter son choix.

Ce fut en vain qu'il essaya de l'éblouir, en faisant briller à ses yeux l'éclat d'une couronne imaginaire. Lady Rowena était douée d'un excellent jugement, et elle ne croyait le succès des plans de Cedric ni possible ni désirable : au moins, en ce qui la concernait personnellement, elle était bien loin de le souhaiter. Sans chercher à cacher la préférence qu'elle accordait à Wilfrid d'Ivanhoe, elle déclara que, quand même Wilfrid n'existerait pas, elle se réfugierait dans un couvent plutôt que de partager un trône avec Athelstane, qu'elle avait toujours méprisé, et qu'elle commençait à détester depuis les persécutions qu'elle éprouvait à cause de lui.

Cedric, qui ne croyait pas beaucoup à la constance des femmes, n'en persistait pas moins dans ses efforts pour faire réussir un mariage qu'il regardait comme important à la cause des Saxons. L'apparition inattendue de son fils au tournoi d'Ashby lui avait paru avec raison porter un coup mortel à ses espérances. L'amour paternel avait, il est vrai, remporté un instant la victoire sur son orgueil et son patriotisme; mais ce dernier sentiment avait bientôt repris toute sa force, et il était déterminé à faire une dernière tentative pour unir sa pupille à Athelstane, et à prendre ensuite les mesures nécessaires pour rétablir l'indépendance des Saxons.

C'était principalement sur ce dernier objet que roulait en ce moment sa conversation avec Athelstane, non sans regretter, de temps en temps, de ne trouver que mollesse et apathie où il aurait voulu rencontrer une ame pleine d'énergie et de feu. Il est vrai qu'Athelstane ne manquait pas de vanité, qu'il aimait à entendre parler de ses illustres ancêtres et des droits chimériques de sa naissance; mais son amour-propre était satisfait des hommages respectueux qu'il recevait de ses vassaux et des Saxons libres. Il ne craignait pas le danger en lui-même, mais il redoutait l'embarras d'aller le chercher. Il admettait avec Cedric, en principe général, que les Saxons avaient le droit de reconquérir leur indépendance; il s'était laissé convaincre plus facilement encore de la validité de ses titres pour les gouverner dès qu'ils auraient acquis cette indépendance; mais, quand il s'agissait de prendre des mesures pour faire valoir ces titres, il redevenait Athelstane l'Indolent; il faisait naître des délais, opposait des objections, et ne pouvait se résoudre à rien entreprendre. Enfin la chaleur et l'enthousiasme de Cedric ne faisaient pas plus d'effet sur son ame impassible, que la légère fumée ou le frémissement momentané produits sur l'eau par un boulet rouge.

Cedric se trouvait dans la même position qu'un homme qui battrait un fer froid, ou qui voudrait faire prendre le galop à un cheval sans courage et sans vigueur. S'il renonçait à cette tâche pour essayer son influence sur lady Rowena, il n'obtenait pas plus de succès avec elle, et il était encore moins satisfait de son entretien. Lady Rowena causait avec Elgitha, sa suivante favorite, de la valeur qu'Ivanhoe avait déployée dans le tournoi; et cette conversation étant interrompue par la présence de Cedric, Elgitha, pour venger sa maîtresse, ne manquait pas de trouver quelque moyen pour faire allusion à la manière dont Athelstane avait été désarçonné dans la lice, sujet le plus désagréable pour les oreilles du Saxon. Tout contribua donc, pendant ce voyage, à redoubler son humeur et son mécontentement; et, plus d'une fois, il maudit intérieurement le tournoi, ceux qui l'avaient imaginé ou ordonné, et sa propre folie qui l'y avait conduit.

Vers midi, sur la motion d'Athelstane, la cavalcade

fit halte près d'une fontaine située sur la lisière d'un bois, pour donner un peu de repos aux chevaux, et faire un repas champêtre avec les provisions dont l'abbé de Saint-Withold avait chargé une mule. Cette halte, grace à l'appétit d'Athelstane, fut plus longue que Cedric ne l'aurait désiré; et l'on reconnut, en partant, qu'on ne pourrait arriver à Rotherwood que bien avant dans la nuit, ce qui détermina nos voyageurs à accélérer le pas de leurs chevaux.

CHAPITRE XIX.

―――

» Ces cavaliers armés escortent quelque dame ;
» Et, d'après leurs discours, que j'ai bien entendus
» (Car je m'étais glissé derrière eux), je conclus
» Que le château voisin est le but de leur course. »
JOANNA BAILLIE. *Orra*, tragédie.

Nos voyageurs venaient de traverser une grande plaine, mais ils allaient entrer dans des bois regardés alors comme dangereux, par le grand nombre d'outlaws dont ils étaient le repaire. C'étaient des hommes poussés au désespoir par l'oppression ou la misère, et qui se réunissaient en bandes assez nombreuses pour braver la faible police de l'époque. Quoiqu'ils dussent voyager une partie de la nuit, Cedric et Athelstane crurent pourtant n'avoir rien à craindre de ces maraudeurs, attendu qu'ils étaient accompagnés de dix hommes d'armes, sans compter Gurth et Wamba, qui ne paraissaient pouvoir être d'aucune utilité en cas d'attaque; le premier, parce qu'il avait les bras liés; le second, parce que sa profession ne devait pas lui avoir donné des inclinations martiales. On peut ajouter encore qu'en traversant ces bois redoutés, Cedric et Athelstane comptaient sur les égards qu'on avait pour eux dans tous les environs, autant que sur leur courage. La plupart des outlaws que les persécutions, et surtout la rigueur des lois sur les chasses, avaient décidés à habiter les forêts, pour s'y livrer au brigandage, étaient des paysans et des yeomen d'origine saxonne, et l'on supposait généralement qu'ils respectaient les personnes et les propriétés de leurs compatriotes.

Tout à coup ils furent alarmés par des plaintes et des gémissemens qu'ils entendirent à peu de distance. Ils se rendirent à l'endroit d'où ces cris partaient; ils virent une litière fermée dont on avait dételé et emmené les chevaux; une jeune fille, richement vêtue à la mode juive, pleurait à côté, et un vieillard, que sa toque jaune faisait reconnaître aussi pour juif, allait et venait d'un air de désespoir, et se tordait les mains comme s'il lui était arrivé les plus grands malheurs.

Athelstane et Cedric demandèrent au vieillard comment il se trouvait en ces lieux avec une jeune fille et une litière, sans chevaux et sans escorte; mais, pendant quelques instans, ils n'obtinrent pour toute réponse que des invocations à tous les patriarches de l'Ancien Testament. Enfin Isaac d'York, car c'était notre ancien ami, reprenant peu à peu l'usage de ses sens, expliqua aux deux Saxons qu'il avait loué à Ashby une escorte de six hommes d'armes, qui devaient les conduire jusqu'à Doncaster, et leur fournir des chevaux pour eux-mêmes et des mules pour porter la litière; mais que les misérables les avaient abandonnés en cet endroit, il y avait environ une heure, soit par crainte des outlaws, dont un bûcheron leur avait dit qu'il avait rencontré une bande considérable à peu de distance, soit par quelque autre motif qu'Isaac ne parut pas se soucier d'expliquer. — S'il plaisait à vos vaillantes Seigneuries, ajouta le juif du ton de la plus profonde humilité, de nous laisser faire route sous votre sauvegarde, je jure, par les tables de notre loi, que, depuis le temps de la captivité d'Israël, jamais bienfait n'aura été reçu avec plus de reconnaissance.

— Chien de juif, dit Athelstane dont la mémoire conservait avec une rare fidélité le souvenir des événemens les plus minutieux, surtout celui des plus petites offenses qu'il avait reçues, as-tu oublié la manière dont tu t'es conduit dans la galerie le premier jour du tournoi? Prends la fuite, combats les outlaws, ou compose avec eux, mais n'attends de nous ni secours ni protection. Si les outlaws ne faisaient que voler des gens comme toi, qui volent tout le monde, je les regarderais comme de très-honnêtes gens.

Cette réponse sévère n'obtint pas l'assentiment de Cedric. — Nous ferons mieux, dit-il, de leur donner quelques-uns de nos chevaux pour les mettre en état de continuer leur route, et de les faire escorter par deux hommes de notre suite jusqu'au premier village. Cela diminuera un peu nos forces, mais quand nous serions attaqués, votre épée et la mienne, noble Athelstane, et les huit hommes qui nous resteront, suffiraient pour venir à bout d'une vingtaine de ces vagabonds.

Lady Rowena, qui avait conçu quelques alarmes en

5.

entendant parler d'une troupe d'outlaws, appuya fortement la proposition de son tuteur. Mais Rebecca, se levant tout à coup, et accourant vers elle, plia un genou en terre, prit le bord de sa robe, et le baisa respectueusement, à la manière des Orientaux quand ils s'adressent à leurs supérieurs. Se relevant alors, et rejetant son voile en arrière, elle la supplia au nom du Dieu tout-puissant, qu'elles adoraient toutes deux, au nom des commandemens que ce Dieu avait donnés sur le mont Sinaï, et qu'elles respectaient l'une et l'autre, d'avoir pitié de leur détresse, et de leur permettre de voyager sous leur sauvegarde. — Ce n'est pas pour moi que je vous demande cette grace, lui dit-elle; ce n'est pas même pour ce pauvre vieillard, mon père: je sais que le nom de notre nation suffit pour nous exposer à l'abandon, au mépris, aux insultes, et qu'importe que ce soit dans une grande ville ou dans un bois? Mais cette litière renferme un blessé, un chrétien; souffrez que nous puissions le transporter sans danger sous votre protection, et songez bien que si, par suite de votre refus, il lui arrivait quelque accident, d'amers regrets troubleraient les derniers instans de votre vie.

L'air noble et solennel avec lequel Rebecca lui adressait cette prière émut vivement la belle Saxonne.

— Ce vieillard est sans défense, dit-elle à son tuteur, cette jeune fille est aussi intéressante que belle, un homme souffrant est dans cette litière: quoiqu'ils soient juifs, nous ne serions pas chrétiens si nous les abandonnions dans cette extrémité. Nous pouvons leur donner deux mules pour porter la litière, et deux chevaux pour eux-mêmes; pourquoi ne leur permettrions-nous pas de nous accompagner?

Cedric y consentit sans difficulté, et Athelstane n'y ajouta qu'une condition, c'était que les juifs se tiendraient à l'arrière-garde.

— Ils y trouveront Wamba, ajouta-t-il, et je présume qu'il a toujours son bouclier de jambon pour se garantir de leurs attaques.

— J'ai laissé mon bouclier sur le champ de bataille, dit Wamba. C'est un destin qui m'est commun avec d'autres.

Athelstane rougit sans oser répliquer, car c'était ce qui lui était arrivé le dernier jour du tournoi; et lady Rowena, qui n'était pas fâchée de voir son humiliation, chercha à faire oublier à Rebecca la plaisanterie déplacée de son adorateur brutal, en l'invitant à faire route à son côté.

— Cela ne serait pas convenable, répondit Rebecca avec une humilité qui n'était pas sans quelque mélange de fierté, puisque ma compagnie pourrait être regardée comme un déshonneur pour ma protectrice.

Pendant ce temps on déchargeait deux des mules qui portaient le bagage, qui fut réparti proportionnellement sur les autres. Cette opération se fit très-promptement, car le mot d'outlaws avait donné à chacun une nouvelle activité, et l'approche de la nuit ajoutait encore à la terreur qu'il inspirait.

Pendant ce moment de confusion, Gurth se plaignit que les cordes qui liaient ses mains étaient si serrées qu'elles le blessaient. Wamba se chargea de les relâcher; mais soit par hasard, soit à dessein, il les rattacha avec tant de négligence que Gurth trouva bientôt moyen de s'en délivrer, et avant qu'on fût remonté à cheval, il s'était enfoncé dans l'épaisseur du bois.

Le cheval que Gurth avait monté jusqu'alors avait été donné au juif, et comme il devait faire le reste du voyage en croupe derrière un de ses compagnons, chacun crut qu'il était avec un autre, et l'on ne s'aperçut pas de son absence. Un autre objet d'ailleurs occupait tous les esprits, car on s'attendait à voir paraître à chaque instant les outlaws.

Le sentier que nos voyageurs suivaient alors devint si étroit, qu'il était impossible à plus de deux cavaliers d'y passer de front. Le terrain allait en pente, c'était une espèce de marécage traversé par un ruisseau dont les bords étaient couverts de vieux saules. Cedric et Athelstane, qui marchaient à la tête de leurs gens, virent de suite que cet endroit serait favorable aux outlaws pour une attaque; mais ils n'avaient d'autre moyen pour prévenir ce danger que de doubler de vitesse, ce qui n'était pas facile sur un terrain où les chevaux enfonçaient à chaque pas. Ils traversèrent à gué le petit ruisseau; mais à peine avaient-ils gagné l'autre bord, qu'ils se trouvèrent enveloppés et attaqués de toutes parts par une troupe nombreuse d'hommes armés, avec une impétuosité qui ne leur permettait guère d'opposer une défense efficace. Les assaillans criaient à haute voix : — Dragon blanc! saint Georges et l'Angleterre! afin de mieux jouer le rôle d'outlaws saxons. Et de nouveaux ennemis venaient se joindre à eux avec une activité qui semblait encore multiplier leur nombre.

Les deux chefs saxons furent faits prisonniers au même instant, et chacun avec des circonstances convenables à son caractère. Cedric lança contre le premier ennemi qu'il vit paraître la javeline qui lui restait, et le coup fut mieux adressé que celui qu'il avait dirigé sur le pauvre Fangs, car l'homme fut cloué à un chêne devant lequel il se trouvait. Il s'élança contre un second l'épée à la main, et lui porta un coup avec une impétuosité si aveugle, qu'il brisa son arme contre une grosse branche. Deux ou trois hommes se précipitèrent aussitôt sur lui, le renversèrent de cheval, et le firent prisonnier. Quant à Athelstane, tandis qu'il réfléchissait s'il devait attaquer les ennemis qui se présentaient en face ou ceux qui attaquaient sur les flancs, on saisit la bride de son cheval, et il partagea la captivité de Cedric, sans avoir eu le temps de se mettre seulement en défense.

Les hommes de leur suite, embarrassés au milieu des mules qui portaient le bagage, surpris et épouvantés du destin de leurs maîtres, furent aisément désarmés par les assaillans; ceux-ci s'emparèrent aussi de lady Rowena, qui était au centre de la cavalcade, ainsi que d'Isaac et de sa fille, placés à l'arrière-garde.

Personne n'échappa à la captivité, à l'exception de Wamba, qui montra en cette occasion plus de courage que ceux qui prétendaient avoir tout leur bon sens. S'étant emparé de l'épée d'un des domestiques qui ne paraissait pas songer à s'en servir, il s'en escrima si bien, qu'il tint en respect plusieurs des assaillans. Il fit même une tentative pour délivrer son maître; mais, voyant qu'il avait affaire à trop forte partie, et que la plupart de ses camarades étaient déjà garottés, il se laissa glisser à bas de son cheval, et, à la faveur des ténèbres et de la confusion qui régnait, il s'enfonça dans les bois, sans qu'on songeât à l'arrêter.

Néanmoins le vaillant fou ne se vit pas plus tôt hors

de toute atteinte, qu'il balança s'il ne retournerait pas partager la captivité d'un maître auquel il était sincèrement attaché.

— J'ai quelquefois entendu parler du bonheur d'être libre, pensait-il, mais je voudrais que quelque homme sage vînt apprendre à un fou comme moi ce qu'il peut faire de la liberté qu'il vient d'acquérir.

— Wamba! s'écria en ce moment à voix basse et avec précaution quelqu'un qui était à quelques pas de lui; en même temps un chien accourut en sautant pour le caresser, et il reconnut Fangs.

— Gurth, s'écria Wamba d'un ton aussi bas : est-ce toi?

— Oui, répondit Gurth en s'approchant de lui : mais qu'y a-t-il donc? que signifie ce bruit d'armes?

— Une aventure comme il en arrive tous les jours : ils sont tous prisonniers.

— Prisonniers! qui?

— Notre maître, lady Rowena, Athelstane, Hundibert, Oswald et tous les autres.

— Et, au nom du ciel! qui les a faits prisonniers? comment cela est-il arrivé?

— Notre maître a mis trop de précipitation à combattre; Athelstane n'en a pas mis assez, et les autres n'en ont pas mis du tout. Ceux qui les ont faits prisonniers sont vêtus de casaques vertes, et ont le visage couvert d'un masque. Tous nos gens sont étendus sur le gazon, comme les pommes que tu jettes à tes pourceaux. J'en rirais, si je pouvais m'empêcher d'en pleurer; et il répandit des larmes sincères.

La physionomie de Gurth s'enflamma : — Wamba! s'écria-t-il, tu as une arme, et ton cœur vaut mieux que ta tête. Nous ne sommes que deux; mais une attaque soudaine, contre des gens qui ne s'y attendent pas, peut nous réussir. Suis-moi, il faut que nous délivrions Cedric.

— Mais, Gurth, as-tu donc oublié qu'il y a une heure tu jurais que tu ne lui pardonnerais jamais?

— C'était quand il n'avait pas besoin de mon secours. Allons, suis-moi.

Ils se préparaient à partir, quand un tiers parut tout à coup au milieu d'eux, et leur ordonna de rester. D'après son costume et ses armes, Wamba l'aurait pris pour un des outlaws qui venaient d'arrêter son maître, car ils ne différaient de lui que par leur masque, mais, au riche baudrier qu'il portait, au cor qui y était suspendu, ainsi qu'à son ton calme et imposant, il reconnut, malgré l'obscurité, Locksley, le yeoman qui avait gagné glorieusement le prix de l'arc.

— Que signifie tout cela? leur demanda-t-il : qui s'avise de faire des prisonniers dans cette forêt?

— Vous n'avez qu'à regarder leurs casaques, et voir si ce sont vos enfans ou non, répondit Wamba, car un pois vert ne ressemble pas plus à un autre.

— Je le saurai dans un instant, dit Locksley; mais attendez-moi en ce lieu; je vous défends, sur votre vie, d'en bouger avant que je sois revenu. Obéissez-moi, vous vous en trouverez bien, de même que vos maîtres. Cependant il faut prendre quelques précautions.

Il ôta son baudrier, détacha une plume qui flottait sur son bonnet, et chargea Wamba de les lui garder : tirant alors un masque de sa poche, il s'en couvrit le visage, et quitta Gurth et le fou, pour aller faire sa reconnaissance, en leur enjoignant de nouveau de l'attendre.

— L'attendrons-nous, Gurth, dit Wamba, ou lui ferons-nous voir que nous avons des jambes? Si j'en crois ma faible intelligence, il a trouvé trop vite sous sa main le costume d'un voleur, pour être un honnête homme.

— Quand ce serait le diable, répondit Gurth, que risquons-nous de l'attendre? s'il est de cette bande, il a peut-être déjà donné l'alarme aux siens, et nous ne pourrions leur échapper. D'ailleurs j'ai eu la preuve, il n'y a pas long-temps, que même parmi les voleurs on peut trouver des honnêtes gens.

Locksley revint au bout de quelques minutes.

— Je les ai vus, dit-il, je leur ai parlé. Je sais qui ils sont et où ils vont. Mais ils sont en grand nombre, et ce serait le comble de la folie à trois hommes de vouloir les attaquer. Il faut donc réunir une force plus considérable, et je sais où la trouver. Vous êtes tous deux, je crois, de fidèles serviteurs de Cedric le Saxon; suivez-moi donc : il ne sera pas dit que l'ami de l'Angleterre et des Anglais manquera de bras pour le secourir au moment du danger; mais il faut nous presser, car ils vont se mettre en marche.

A ces mots, leur faisant signe de le suivre, il entra dans l'épaisseur du bois, accompagné de Gurth et de Wamba.

Celui-ci n'était pas d'humeur à marcher long-temps en silence. — Gurth, dit-il à demi-voix en regardant le cor et le baudrier qu'il portait encore, je crois que j'ai vu gagner ce prix il n'y a pas long-temps.

— Et moi, dit Gurth en parlant encore plus bas, je gagerais tous les pourceaux de notre maître que j'ai entendu la voix du brave yeoman qui a gagné ce prix et qui nous conduit, il n'y a pas encore trois jours, ou, pour mieux dire, trois nuits.

— Mes braves amis, dit Locksley, qui malgré leurs précautions les avait entendus, peu importe en ce moment qui je suis et ce que je suis. Si je parviens à délivrer votre maître, vous aurez lieu de me regarder comme le meilleur de vos amis. Que je porte tel ou tel nom, que je tire de l'arc bien ou mal, que j'aime à me promener à la lumière du jour ou au clair de lune, ce sont des choses qui ne vous regardent pas et dont vous feriez mieux de ne pas vous occuper.

— Nous avons mis la tête dans la gueule du lion, dit Wamba à l'oreille de Gurth. Dieu sait si nous pourrons l'en retirer.

— Silence, répondit Gurth; ne va pas l'offenser par quelque folie; quant à moi, j'ai de bonnes raisons pour espérer que tout ceci finira bien.

CHAPITRE XX.

—

« Lorsque l'automne avait jauni les bois
» Qu'il était doux dans ce lieu solitaire
» D'entendre tout à coup la voix
» D'un ermite adressant au Très-Haut sa prière.
» De la musique empruntant les concerts,
» La Piété lui prêtait ses deux ailes;
» Les deux sœurs, traversant les airs,
» S'élèvent en chantant aux sphères immortelles. »

L'Ermite de la fontaine de Saint-Clément.

Ce ne fut qu'après trois heures d'une marche rapide que Wamba, Gurth, et leur guide mystérieux, arrivèrent à une clairière au centre de laquelle s'élevait un chêne énorme, dont les branches touffues s'étendaient de tous côtés. Cinq ou six yeomen dormaient sous cet arbre, tandis qu'un autre, placé en sentinelle, se promenait au clair de lune.

En entendant le bruit des pas, la sentinelle donna l'alarme. Ses camarades furent debout à l'instant, saisirent leurs arcs, et se tinrent prêts à lancer leurs flèches. Leur chef s'étant fait reconnaître, des marques de respect et de soumission succédèrent à cette attitude menaçante.

— Où est Meunier? demanda Locksley.

— Sur la route de Rotherham.

— Avec combien d'hommes?

— Avec six, et bonne espérance de butin, s'il plaît à saint Nicolas.

— C'est parler religieusement. Où est Allan-a-Dale?

— Du côté de Watling, guettant le prieur de Jorvaulx, avec quatre hommes.

— C'est bien pensé. Et où est le frère?

— Dans sa cellule.

— Je vais aller le chercher. Vous autres, dispersez-vous pour réunir tous nos compagnons. Rassemblez-en le plus grand nombre possible; car le gibier que nous avons à chasser ne prendra pas la fuite, mais se retournera contre nous. Que tous se trouvent ici une heure avant la pointe du jour. — Un instant, ajouta-t-il comme ils se disposaient à exécuter ses ordres, j'oubliais ce qui est le plus essentiel. Que deux de vous prennent en toute diligence la route de Torsquilstone, du château de Front-de-Bœuf. Une bande de braves gens qui se sont déguisés sous notre costume y emmènent des prisonniers. C'est une insulte pour nous, et notre honneur en exige la punition. Surveillez-les donc avec soin; quand même ils arriveraient au château avant que nous ayons réuni nos forces, il faudra nous venger et délivrer leurs prisonniers. Suivez-les donc de près, et que le meilleur marcheur de vous m'en apporte des nouvelles.

Ils partirent sur-le-champ dans diverses directions, et leur chef, suivi de Gurth et de Wamba, qui le regardaient avec une sorte de crainte respectueuse, prit le chemin de la chapelle de Copmanhurst.

Quand ils furent arrivés à la petite clairière où l'on voyait l'ermitage, si bien situé pour un anachorète ascétique, et la chapelle à demi ruinée, Wamba dit tout bas à Gurth : — Si c'est ici la demeure d'un voleur, c'est une preuve de la vérité du vieux proverbe, qui dit que plus on est près de l'église, plus on est loin de Dieu; par mes sonnettes, je crois que c'est cela même : écoute seulement le psaume que l'on chante dans l'ermitage.

Dans le fait, l'anachorète et son hôte chantaient avec toute la force de leurs poumons une vieille chanson à boire dont voici le refrain :

>Allons, passe-moi la bouteille,
>Brave garçon, brave garçon:
>Allons, passe-moi la bouteille !
>Oh, Jenkin, je suis un luron,
>Quand j'ai bu le jus de la treille.
>Allons, passe-moi la bouteille,
>Jenkin, oh ! mon joyeux garçon ;
>Allons, passe-moi la bouteille.

— Pas trop mal chanté, dit Wamba, qui avait joint sa voix à celle des deux chanteurs; mais, au nom de tous les saints, qui se serait attendu à entendre chanter de pareilles matines dans la cellule d'un ermite ?

— Ce n'est pas moi qui en suis surpris, dit Gurth;

on assure que l'ermite de Copmanhurst est un bon vivant, qui ne se gêne pas pour tuer un daim. On dit même que le garde-forestier a fait ses plaintes à l'official, et qu'il lui sera défendu de porter le froc et le capuchon.

Tandis qu'ils parlaient ainsi, Locksley, en frappant à la porte à coups redoublés, avait troublé l'anachorète et son hôte.

— Par mon chapelet! dit l'ermite en s'arrêtant au milieu d'une cadence, je crois que voilà encore des voyageurs égarés. Je ne voudrais pas, pour l'honneur de mon capuchon, qu'ils nous surprissent dans nos pieux exercices. Chacun a ses ennemis, bon chevalier Fainéant, et il y a des gens assez méchans pour regarder la manière hospitalière dont je vous ai accueilli, pendant trois petites heures, vous, voyageur fatigué, comme une partie de débauche et d'ivrognerie, vices qui, grace à saint Dunstan, sont aussi opposés à mon caractère qu'à ma profession.

— Les vils calomniateurs! dit le chevalier; je voudrais être chargé de les châtier. Mais vous avez raison, saint ermite : chacun a ses ennemis, et il y a en ce royaume telles personnes à qui j'aimerais mieux parler à travers la visière de mon casque que tête nue.

— Mettez donc votre pot en tête, sire Fainéant, dit l'ermite, aussi vite que votre naturel vous le permet, tandis que je vais remettre dans l'armoire secrète la bouteille, les gobelets et le reste du pâté, et, pour qu'on n'entende rien du dehors, faites chorus avec moi dans ce que je vais chanter. Songez seulement à l'air, sans vous inquiéter des paroles : c'est tout au plus si je les sais moi-même.

6.

A ces mots, et tout en faisant disparaître les restes du souper, il entonna un *De profundis clamavi* d'une voix sonore, tandis que le chevalier, remettant son armure à la hâte, et riant de tout son cœur, lui prêtait le secours de sa voix.

— Quelles matines du diable chantez-vous donc à une pareille heure? s'écria Locksley en frappant une seconde fois.

Le bruit que faisait l'ermite en chantant, et peut-être ses copieuses libations, l'empêchèrent de reconnaître la voix qui lui parlait.

— Passez votre chemin, répondit-il, au nom de saint Dunstan, et ne nous troublez pas dans nos dévotions, mon saint frère et moi.

— Prêtre-fou, cria-t-on du dehors, ouvre à Locksley!

— Tout va bien, dit l'ermite au chevalier, il n'y a rien à craindre.

— Mais qui est cet étranger? il m'importe de le savoir.

— Qui il est? je vous dis que c'est un ami.

— Mais quel est cet ami? il peut être le vôtre, et ne pas être le mien.

— Quel est cet ami? il est plus facile de faire cette question que d'y répondre. Ah! maintenant que j'y pense, c'est l'honnête garde-forestier dont je vous ai parlé.

— Aussi honnête garde que vous êtes pieux ermite, dit le chevalier; ouvrez-lui donc, si vous ne voulez pas qu'il enfonce la porte.

Les chiens s'étaient d'abord mis à aboyer; mais leur instinct leur faisant reconnaître celui qui arrivait, ils étaient alors à gratter à la porte en murmurant, comme s'ils eussent demandé qu'on la lui ouvrît.

La porte s'ouvrit enfin, et Locksley entra suivi de ses deux compagnons.

— Ermite, dit Locksley en apercevant le chevalier, où as-tu donc trouvé ce nouveau compagnon?

— C'est un frère de notre ordre, répondit l'ermite en souriant, nous avons passé la nuit en oraison.

— Je crois qu'il est membre de l'église militante, dit Locksley, et l'on en voit assez courir les champs depuis quelques jours. Mais ce n'est pas ce dont il s'agit. Il nous faut aujourd'hui jusqu'au dernier de nos hommes, clerc ou laïc; ainsi tu vas laisser le froc et le rosaire pour prendre l'arc et la javeline. Mais es-tu fou, ajouta-t-il en le tirant un peu à l'écart : pourquoi as-tu laissé entrer chez toi un chevalier que tu ne connais pas? as-tu oublié nos réglemens?

— Que je ne connais pas! je le connais aussi bien que le mendiant connaît son écuelle.

— Quel est son nom?

— Son nom? comme si j'étais homme à boire avec quelqu'un sans savoir son nom! il se nomme sir Anthony de Scrablestone.

— Tu as bu plus que de raison, et je crains que tu n'aies jasé de même.

— Brave archer, dit le chevalier, ne faites pas de reproches à mon joyeux hôte. Il n'a pu me refuser l'hospitalité, car je l'aurais forcé à me l'accorder.

— Forcé! répéta l'ermite : attendez que j'aie changé ce froc pour une casaque verte; et, si je ne fais pas retourner douze fois un bâton à deux bouts sur votre tête, je consens à n'être ni bon moine, ni bon habitant des bois.

En parlant ainsi, il se dépouillait de sa robe; et il parut en justaucorps et en caleçon de bougran noir. Il eut bientôt mis par-dessus une casaque et un haut-de-chausses vert. — Aide-moi à nouer mes *pointes*, dit-il à Wamba, et je te promets un coup de bon vin.

— Croyez-vous, dit Wamba, que je puisse en conscience aider un saint ermite à se métamorphoser en braconnier pêcheur?

— Ne crains rien, répondit l'ermite : je confesserai à mon capuchon les péchés de mon habit vert, et tout ira bien.

— *Amen!* reprit le fou, un pénitent vêtu de drap fin doit avoir un confesseur portant la haire; et votre froc peut donner l'absolution à mon habit bariolé par-dessus le marché.

Ce disant, il aida le moine à attacher ses *pointes* nombreuses, comme on appelait alors les lacets qui fixaient le haut-de-chausses au pourpoint.

Pendant cette opération, Locksley entraîna le chevalier un peu à l'écart, et lui dit :

— Vous ne pouvez le nier, sire chevalier, c'est vous dont la valeur a décidé la victoire le second jour du tournoi.

— Et quand cela serait, bon yeoman, qu'en résulterait-il?

— Que je vous regarderais comme un homme disposé à prendre le parti du faible.

— C'est le devoir d'un vrai chevalier, et je serais fâché qu'on pût me soupçonner de ne pas le remplir.

— Ce que je désire, c'est que vous soyez aussi bon

Anglais que brave chevalier : car l'entreprise dont j'ai à vous parler est en elle-même un devoir pour tout homme honnête, mais surtout pour un véritable Anglais.

— Vous ne pouvez donc mieux vous adresser. Les intérêts de l'Angleterre et du dernier des Anglais ne peuvent être plus chers à personne qu'à moi.

— Je le désire de bon cœur, car jamais l'Angleterre n'eut tant de besoin de ceux qui l'aiment. Écoutez-moi donc, et je vous ferai part d'un projet auquel, si vous êtes réellement ce que vous paraissez, vous pouvez coopérer honorablement. Une bande de coquins, ayant pris le costume d'hommes qui valent mieux qu'eux, viennent de s'emparer d'un noble Anglais, nommé Cedric le Saxon, de sa pupille, de son ami Athelstane de Coningsburgh, et de toute leur suite. Ils les emmènent au château de Torsquilstone. Je vous demande si, comme brave chevalier, comme véritable Anglais, vous voulez nous aider à les délivrer?

— J'y suis tenu par mes vœux; mais je voudrais savoir qui vous êtes, vous qui parlez en leur faveur?

— Je suis.... un homme sans nom, mais l'ami de mon pays et des amis de mon pays. Il faut vous contenter de me connaître ainsi quant à présent, et vous le pouvez d'autant mieux que vous devez vous-même rester inconnu. Croyez cependant que, quand j'ai donné une parole, elle est aussi inviolable que si je portais des éperons d'or.

— Je le crois volontiers. Je suis habitué à lire dans la physionomie, et je lis sur la vôtre la franchise et le courage. Je ne vous ferai donc plus de questions, et je me borne à vous dire que je concourrai de bien bon cœur à faire remettre en liberté ces captifs opprimés ; après quoi j'espère que nous nous connaîtrons mieux et que nous serons contens l'un de l'autre.

— Ainsi donc, dit à l'oreille de Gurth Wamba, qui, après avoir équipé complètement l'ermite, s'était rapproché peu à peu des interlocuteurs, et avait entendu la fin de cette conversation ; ainsi donc nous avons un nouvel allié. J'espère que la valeur du chevalier sera de meilleur aloi que la religion de l'ermite et l'honnêteté du yeoman ; car ce Locksley m'a l'air d'un vrai braconnier, et le révérend frère d'un franc hypocrite.

— Paix ! Wamba, paix ! répondit Gurth. Tout cela peut être vrai, mais toute vérité n'est pas bonne à dire, et si le diable avec ses cornes venait m'offrir son aide pour secourir notre maître et lady Rowena, je doute que j'eusse assez de religion pour refuser ses offres.

L'ermite était devenu, par son nouveau costume, un véritable archer avec l'épée et le bouclier, l'arc et le carquois, et une pertuisane sur l'épaule. Il sortit le premier de l'ermitage, et en ferma ensuite avec soin la porte, sous le seuil de laquelle il en déposa la clef.

— Mais es-tu en état de nous être utile ? lui demanda Locksley. Les fumées du vin ne t'obscurcissent-elles pas le cerveau ?

— Je conviens, répondit-il, qu'il me semble voir danser tous les arbres, et que mes jambes ne me permettraient pas de danser avec eux ; mais la puissance de saint Dunstan est grande, et vous allez voir que dans un instant il n'y paraîtra plus.

En même temps il s'avança vers le bassin de pierre dont nous avons déjà parlé, dans lequel tombait d'abord l'eau de la source, qui formait ensuite un petit ruisseau, et qu'on nommait la fontaine de saint Dunstan ; s'étant étendu le ventre contre terre, il en but comme s'il avait voulu l'épuiser.

— Saint ermite de Copmanhurst, dit le chevalier Noir, combien y a-t-il de temps que vous n'avez bu si copieusement de cette eau ?

— Depuis qu'un baril de vin des Canaries, ayant laissé échapper ce qu'il contenait par une fente non canonique, ne me laissa pour boisson que celle qui est due à la libéralité de mon saint patron.

Plongeant alors ses mains et sa tête dans la fontaine, il se releva, et fit tourner sa pertuisane au-dessus de sa tête avec trois doigts de la main, comme s'il eût balancé un roseau.

— Où sont, s'écria-t-il, ces ravisseurs qui enlèvent des jeunes filles contre leur gré ? Je veux que le diable m'emporte si je ne suis pas en état d'en battre une douzaine.

— Ne jurez pas, saint ermite, dit le chevalier Noir.

— Il n'y a plus d'ermite. Par saint Georges et le dragon ! quand j'ai quitté le froc, je ne suis plus un frocard. Quand j'ai sur le dos ma casaque verte, je suis en état de boire, de jurer et de chiffonner un cotillon, aussi bien qu'aucun joyeux forestier du West-Riding.

— Allons, joyeux prêtre, dit Locksley, silence ! Tu parles autant que tout un couvent la veille d'une fête, quand l'abbé est allé se coucher. Il ne faut pas s'amuser à jaser ; il s'agit de réunir toutes nos forces : nous en aurons besoin, s'il faut donner un assaut au château de Reginald Front-de-Bœuf.

— Quoi ! s'écria le chevalier Noir, est-ce Front-de-

Bœuf qui arrête les sujets du roi sur le grand chemin? Est-il devenu oppresseur et brigand?

— Pour oppresseur, il l'a toujours été, dit Locksley.

— Et pour brigand, dit l'ermite, je suis certain qu'il l'est dix fois plus que bien des brigands de ma connaissance.

— En avant, chapelain, en avant ! dit Locksley, et tais-toi. Il s'agit de gagner promptement le lieu du rendez-vous, et non pas de dire ce qui, par décence ou par prudence, doit être couvert du mystère.

CHAPITRE XXI.

« Combien s'est-il passé d'heures, de mois, d'années,
» Depuis que l'on n'a vu dans ce vaste salon
» S'assembler les plaisirs, la beauté, le renom ?
» On entend murmurer sous ces voûtes antiques,
» Sous ce toit soutenu par ces arches gothiques,
» La voix du temps passé rappelant aux vivans
» Ceux qui dans leurs tombeaux dorment depuis long-temps. »

JOANNA BAILLIE. *Orra*, tragédie.

TANDIS qu'on prenait, en faveur de Cedric et de ses compagnons, les mesures dont nous venons de parler, les hommes armés qui s'en étaient emparés les conduisaient vers la place de sûreté où l'on comptait les tenir captifs. Mais la nuit était obscure, et les maraudeurs ne connaissaient les sentiers du bois que très-imparfaitement. Ils furent forcés de faire plusieurs haltes, et même, une ou deux fois, de revenir sur leurs pas, pour s'assurer du chemin qu'ils devaient suivre. Ils eurent besoin du retour de l'aurore pour se convaincre qu'ils étaient sur la bonne route; ils reprirent confiance, et marchèrent d'un pas plus rapide.

Ce fut alors que les deux chefs des prétendus bandits eurent entre eux la conversation suivante.

— De Bracy, dit le templier, il est temps que vous nous quittiez pour jouer le second acte de notre pièce, et vous préparer à remplir le rôle de chevalier libérateur.

— J'ai fait de nouvelles réflexions, dit De Bracy, et je ne quitterai ma prise qu'après l'avoir déposée en sûreté dans le château de Front-de-Bœuf. Alors je me montrerai à lady Rowena dans mon costume ordinaire, et j'espère qu'elle attribuera à l'impétuosité de la passion la violence dont je me reconnaîtrai coupable.

— Et quelle raison vous a fait changer de projet?

— Cela ne regarde que moi, je pense.

— J'espère pourtant, sire chevalier, que ce changement n'a pas pris sa source dans les soupçons injurieux que Fitzurse a cherché à vous faire concevoir sur mon honneur?

— Je ne prends d'avis que de moi-même. Le diable rit, dit-on, quand un voleur en vole un autre, et nous savons que, quand Satan lui soufflerait flamme et bitume, au lieu de rire, il n'empêcherait pas un templier de se livrer à son désir.

— Ni le chef d'une compagnie franche, de craindre d'être traité par un ami et un camarade, comme il traite lui-même les autres.

— Cette récrimination ne signifie rien. Je connais la morale de l'ordre du Temple, et je ne vous fournirai pas l'occasion de me dérober le trésor pour lequel j'ai couru de tels risques.

— Mais que craignez-vous donc, Bracy? Ne savez-vous pas quels sont les vœux de notre ordre.

— Oui, et je sais aussi comment on les respecte. Les lois de la galanterie, sire templier, reçoivent une interprétation libérale en Palestine, et dans le cas dont il s'agit, je ne veux rien confier à votre conscience.

— Hé bien, Bracy, sachez donc la vérité. Je ne me soucie nullement de votre belle aux yeux bleus. J'ai vu parmi nos captives de beaux yeux noirs qui ont fait ma conquête.

— Quoi! vous vous abaisserez à la suivante?

— Non, sur mon honneur! Je ne porte jamais les yeux si bas, et je trouve pourtant dans nos captives une prise qui vaut bien la vôtre.

— Par la sainte messe, s'écria De Bracy, c'est la belle juive!

— Eh bien, qui a le droit d'y trouver à redire?

— Personne que je sache, si ce n'est votre vœu de célibat; et puis votre conscience ne vous reprochera-t-elle pas une intrigue avec une juive?

— Quant à mon vœu, dit le templier, notre grand-maître m'accordera une dispense; et la conscience d'un homme qui a tué trois cents Sarrasins n'a pas besoin de s'alarmer pour la moindre peccadille, comme celle d'une jeune villageoise qui va à confesse le vendredi-saint.

— C'est à vous de connaître les privilèges de votre ordre : mais j'aurais juré que vous étiez plus amoureux de l'argent du vieil usurier que des beaux yeux de sa fille.

—L'argent d'Isaac a bien son mérite. Mais le vieux juif ne m'offre qu'un demi-butin; croyez-vous que Front-de-Bœuf nous prête son château sans avoir part aux dépouilles? Je les partage avec lui; et, comme il me faut aussi quelque chose que je puisse m'approprier exclusivement, j'ai fixé mon choix sur l'aimable juive. A présent que vous connaissez mes projets, revenez-vous à votre premier plan? vous voyez que vous n'avez rien à craindre de moi.

—Non, j'y ai renoncé définitivement; je ne veux pas perdre ma belle de vue. Tout ce que vous venez de me dire peut être très-vrai; mais je n'aime pas les prérogatives de l'ordre du Temple, et je ne me fie pas à la conscience d'un homme qui, ayant tué trois cents Sarrasins, a acquis un si grand fonds d'indulgences qu'il ne s'inquiéterait pas d'une peccadille de plus.

Pendant cet entretien, Cedric faisait d'inutiles efforts pour apprendre de ceux qui le gardaient qui ils étaient, et quels étaient leurs projets.

— Vous devez être Anglais, leur disait-il, et cependant, de par le ciel, vous agissez avec nous comme si vous étiez Normands. Vous êtes sans doute mes voisins, et par conséquent vous devriez être mes amis; car quel est l'Anglais dans mon voisinage qui ne doive l'être? Même parmi vous, proscrits, mis hors la loi, il s'en trouve plus d'un qui a eu recours à ma protection, et qui l'a obtenue, car j'avais pitié de vos malheurs et de vos souffrances, et je maudissais la tyrannie des nobles. Que voulez-vous donc faire de moi? A quoi cet acte de violence vous conduira-t-il? Vous ne me répondez point? Vous êtes pires que des brutes dans votre conduite; êtes-vous muets comme elles?

C'était en vain que Cedric cherchait ainsi à faire parler ses gardes. Ils avaient de trop bonnes raisons pour garder le silence, et ni ses plaintes ni ses reproches ne purent les engager à le rompre. Ils continuèrent à marcher d'un pas rapide jusqu'à ce qu'au bout d'une longue avenue on aperçût Torquilstone, ancien château qui appartenait alors à sir Reginald Front-de-Bœuf. C'était une petite forteresse, consistant en un donjon ou vaste tour carrée d'une hauteur considérable, entourée de bâtimens moins élevés, bordés d'une cour circulaire. Autour du mur de clôture régnait un fossé auquel un ruisseau voisin fournissait de l'eau. Front-de-Bœuf, à qui son caractère attirait souvent des ennemis, avait ajouté à son château de nouvelles fortifications, en faisant construire une tour à chaque angle. Comme dans tous les châteaux de ce temps, on passait pour y pénétrer sous les voûtes d'une barbacane, ou fortification extérieure qui se terminait et était défendue par deux petites tours latérales.

Cedric ne vit pas plus tôt le château de Front-de-Bœuf élever vers le ciel ses créneaux chargés de mousse et de lierre, sur lesquels frappaient les premiers rayons du soleil levant, qu'il ne lui resta plus de doute sur la cause de sa captivité.

— Je faisais injure, dit-il à ses gardes, aux voleurs et aux outlaws qui infestent ces bois, quand je supposais que ceux qui nous ont arrêtés faisaient partie de leurs bandes. J'aurais pu confondre avec autant de raison les renards de ce canton avec les loups dévorans des forêts de France. Dites-moi, misérables, votre maître en veut-il à ma vie, ou prétend-il s'emparer de mes biens? Ne peut-on souffrir qu'il reste en Angleterre deux Saxons, le noble Athelstane et moi, qui soient encore en possession de leur patrimoine ? Qu'on nous mette donc à mort, et qu'on achève l'œuvre de la tyrannie en nous privant du jour et de nos domaines, comme on nous a déjà privés de la liberté. Si Cedric le Saxon ne peut sauver l'Angleterre, il consent à mourir pour elle. Dites au tyran votre maître que je le prie seulement de remettre honorablement en liberté lady Rowena. Il ne doit rien craindre d'une femme, et tous ceux qui pourraient oser prendre sa cause périssent avec nous.

Ce discours n'obtint pas plus de réponse que le premier. On arriva enfin à la porte du château; Bracy sonna du cor trois fois, des hommes d'armes vinrent reconnaître la troupe qui arrivait, on baissa le pont-levis, et la cavalcade entra dans la cour. On fit descendre de cheval les prisonniers, et on les conduisit dans une salle où on leur offrit des rafraîchissemens auxquels Athelstane fut le seul qui voulut toucher. Le descendant du saint roi confesseur n'eut pas même le temps de faire justice complète au repas qu'on avait servi, car on vint lui annoncer que Cedric et lui devaient être placés dans une autre chambre que lady Rowena. La résistance était inutile; ils furent donc obligés de suivre leurs guides dans un grand appartement soutenu par deux rangs de piliers massifs, tels qu'on en voit encore dans les réfectoires et dans les salles de chapitre des anciens monastères.

Lady Rowena, séparée de toute sa suite, fut conduite, avec courtoisie à la vérité, mais sans qu'on eût consulté son inclination, dans une autre aile du château. Cette distinction un peu alarmante fut accordée aussi à Rebecca. Son père épuisa en vain les prières, alla même, dans cette extrémité, jusqu'à offrir de l'argent pour qu'on ne la séparât point de lui. — Lâche juif, lui dit un de ses gardes, quand tu auras vu la tanière qui t'est préparée, tu ne regretteras pas que ta fille ne la partage point. Et, sans plus de discussion, on entraîna le père d'un côté, et la fille de l'autre. Les gens qui composaient la suite de Cedric et d'Athelstane furent désarmés, fouillés avec soin, et enfermés dans la prison du château. Enfin l'on refusa même à lady Rowena la consolation d'avoir près d'elle sa suivante Elgitha.

L'appartement dans lequel étaient renfermés nos chefs saxons, car c'est d'eux que nous allons nous occuper d'abord, quoique transformé alors en prison, avait été autrefois le grand salon du château. Mais il ne servait plus à cet usage, parce que, parmi les additions que le seigneur actuel avait faites à son habitation, tant pour la fortifier que pour la rendre plus agréable, il se trouvait une grande salle dont la voûte était soutenue par des piliers plus légers et plus élégans, et qui était décorée des ornemens que les Normands avaient déjà commencé à introduire dans l'architecture.

Cedric se promenait à grands pas en se livrant aux réflexions que lui suggérait son indignation sur le présent et le passé, tandis que l'apathie de son compagnon lui tenait lieu de philosophie et de patience pour l'aider à tout supporter, excepté les inconvéniens du moment. Il y était même si peu sensible, que les exclamations animées de Cedric pouvaient à peine lui arracher de temps en temps un signe d'approbation.

— Oui, dit Cedric, moitié se parlant à lui-même, moitié s'adressant à Athelstane, c'est ici, c'est dans cette même salle que mon père dîna avec Torquil-Wolfganger, quand ce noble Saxon reçut le vaillant et infortuné Harold, marchant contre les Norwégiens réunis au rebelle Tosti. Ce fut dans cette salle qu'Harold fit une réponse si fière à l'envoyé de son frère révolté. Que de fois mon père m'a-t-il conté cette histoire avec enthousiasme! Lorsque l'envoyé de Tosti fut admis dans cette salle, à peine, quelque grande qu'elle soit, pouvait-elle contenir la foule des nobles chefs saxons qui s'empressaient autour de leur roi et partageaient son banquet.

Ces derniers mots éveillèrent l'attention d'Athelstane.
— J'espère, dit-il, qu'on n'oubliera pas de nous envoyer à dîner à midi. A peine nous a-t-on laissé le temps de déjeuner. D'ailleurs je n'aime pas à manger en descendant de cheval, quoique les médecins en donnent le conseil : mon appétit alors n'est jamais bien franc.

Cedric continua son histoire, sans faire attention à l'interruption de son ami.

— L'envoyé de Tosti s'avança dans cette salle sans être intimidé par les regards menaçans de tous ceux qui s'y trouvaient, et s'étant placé devant le trône du roi, il le salua avec respect.

— Sire roi, lui dit-il, quelles conditions peut espérer de vous votre frère Tosti, s'il met bas les armes, et s'il vous demande la paix ?

— La tendresse d'un frère, répondit le généreux Harold, et le beau duché de Northumberland.

— Et si Tosti accepte ces conditions, reprit l'envoyé, quelles terres accorderez-vous à son fidèle allié, Hardrada, roi de Norwège ?

— Sept pieds de terrain, répondit fièrement Harold,

ou, comme on dit qu'Hardrada est un géant, peut-être lui donnerons-nous quelques pouces de plus.

— La salle retentit d'applaudissemens ; chaque chef prit sa coupe, et l'on but au jour qui mettrait Hardrada en possession de son domaine en Angleterre.

— Je ferais comme eux de bien bon cœur, dit Athelstane : car la soif colle ma langue à mon palais.

— L'envoyé, continua Cedric avec feu malgré le peu d'intérêt que son auditeur prenait à cette histoire, rétourna porter cette prophétique réponse à Tosti et à son allié. Ce fut alors que les murs de Stamford et le fatal Welland (1), à l'ame prophétique, virent ce terrible combat dans lequel, après avoir fait des prodiges de valeur, le roi de Norwège et Tosti mordirent la poussière avec dix mille de leurs soldats. Qui aurait cru que le jour témoin d'un pareil triomphe voyait aussi voguer les navires normands qui abordèrent sur les côtes du comté de Sussex? qui aurait cru que, peu de jours après, le malheureux Harold ne posséderait plus dans son royaume que les sept pieds de terrain qu'il avait accordés au roi de Norwège? qui aurait cru que vous, noble Athelstane, vous issu du sang d'Harold; que moi, dont le père ne fut pas un des moindres défenseurs du

---

(1) Près de Stamford se donna, en 1066, la sanglante bataille dans laquelle Harold défit son frère rebelle, Tosti, et les Norwégiens, quelques jours seulement avant sa propre défaite à Hastings. Le pont sur le Welland fut disputé avec fureur : un seul Norwégien en défendit l'accès, jusqu'à ce qu'il fût enfin percé d'un coup de lance à travers les planches du pont : le coup partait d'un bateau en dessous. Spencer et Draytons font allusion aux prophéties sur le fatal Welland :

Which to that ominous flood much fear and reverence wan (*). — L. T.

(*) Qui rendait cette onde prophétique un objet de terreur et de respect. — Éd.

trône de nos rois saxons, nous serions prisonniers d'un méprisable Normand, dans une salle célèbre par de si glorieux souvenirs ?

— Cela est assez fâcheux, répondit Athelstane; mais je me flatte que nous en serons quittes pour une rançon raisonnable. Cependant ils ne peuvent dans aucun cas avoir intention de nous affamer; et, quoique le jour s'avance, je ne vois aucun préparatif pour le dîner. Regardez par cette fenêtre, noble Cedric, et jugez par la hauteur du soleil s'il n'est pas près de midi.

— Cela peut être, répondit Cedric; mais je ne puis regarder cette fenêtre sans que cette vue fasse naître en moi d'autres réflexions non moins pénibles, quoiqu'elles n'aient pas rapport à notre situation actuelle. — Quand on construisit cette fenêtre, mon noble ami, nos ancêtres ne connaissaient pas l'art de faire le verre, et encore moins celui de le peindre. L'orgueil de votre aïeul, du père de Wolfganger, fit venir de Normandie un artiste pour orner son château des décorations de ce nouveau luxe, qui donne à la pure lumière du ciel tant de couleurs bizarres. Cet étranger arriva ici pauvre, mendiant, bas et servile, prêt à ôter son bonnet au dernier des domestiques de la maison; il s'en retourna fier, chargé d'or, et alla conter à ses concitoyens des merveilles de l'opulence et de la simplicité des nobles saxons. Cette folie avait été prévue et prédite par les descendans d'Hengist et de ses tribus grossières; et c'est pour cette raison qu'ils conservaient religieusement les mœurs de leurs pères. Nous appelâmes ces étrangers, nous en fîmes nos serviteurs de confiance, nos amis; nous empruntâmes leurs arts et leurs artistes; nous méprisâmes les mœurs simples de nos ancêtres, et nous étions énervés par le luxe des Normands avant d'être vaincus par les armes ; notre nourriture sans apprêt, prise en paix et en liberté, était préférable à tous les mets délicats dont le désir nous a livrés, pieds et poings liés, aux conquérans étrangers.

—En ce moment, dit Athelstane, je regarderais la nourriture la plus simple comme un mets exquis, et je suis étonné, noble Cedric, que vous puissiez conserver si fidèlement le souvenir des événemens passés, quand vous oubliez jusqu'à l'heure du dîner.

—C'est perdre son temps, se dit à lui-même Cedric impatienté, que de lui parler de toute autre chose que de son appétit. L'ame d'Hardicanut a pris possession de son corps, et il ne connaît de plaisir qu'à table et le verre à la main. Hélas! ajouta-t-il en le regardant d'un air de compassion, faut-il qu'un extérieur si noble et si imposant couvre un esprit si lourd et si grossier! faut-il qu'une entreprise aussi importante que la régénération de l'Angleterre roule sur un pivot si imparfait! Lady Rowena, une fois son épouse, pourrait, grace à son ame plus noble et plus généreuse, réveiller en lui des sentimens de patriotisme qui, j'espère, ne sont qu'engourdis. Mais comment y penser, tandis que lady Rowena, Athelstane et moi, sommes prisonniers d'un maraudeur brutal, et que nous ne le sommes peut-être que parce qu'on craint que notre liberté ne devienne dangereuse à nos cruels oppresseurs?

Tandis qu'il était plongé dans ces réflexions douloureuses, la porte du salon s'ouvrit, et l'on y vit entrer un écuyer tranchant, tenant en main la baguette blanche, marque de sa dignité. Ce personnage important entra d'un pas grave, suivi de quatre domestiques portant une table couverte de mets dont la vue et l'odeur semblèrent faire oublier toute autre chose à Athelstane. Les domestiques étaient masqués, de même que l'écuyer tranchant.

—Que signifient ces masques? dit Cedric. Votre maître croit-il que nous ignorons où nous sommes et qui nous retient prisonniers? Dites-lui, continua-t-il, voulant profiter de cette occasion pour ouvrir une négociation afin d'obtenir sa liberté, dites à Reginald Front-de-Bœuf qu'il ne peut avoir d'autre motif pour nous traiter ainsi qu'une cupidité insatiable. Hé bien! nous cédons à sa rapacité, comme nous céderions à celle d'un brigand dans les mêmes circonstances. Qu'il fixe la rançon qu'il exige, et nous la lui paierons, si elle est proportionnée à nos moyens.

L'écuyer tranchant ne fit d'autre réponse qu'une inclination respectueuse.

—Et dites-lui aussi, ajouta Athelstane, que je le défie au combat à outrance, à pied ou à cheval, dans tel lieu de sûreté qu'il voudra choisir, dans les huit jours qui suivront notre mise en liberté. S'il a de l'honneur, s'il est chevalier, il ne refusera pas ce cartel.

L'écuyer salua une seconde fois, et se retira avec les domestiques.

Ce défi ne fut pas débité de très-bonne grace: Athelstane avait en ce moment la bouche pleine; sa mâchoire était fort occupée, et cette circonstance, jointe à l'hésitation qui lui était naturelle, dépouilla en grande partie son cartel de l'air menaçant qu'il voulait lui donner. Cedric crut pourtant y voir la preuve que son compagnon commençait à ressentir convenablement l'insulte qui lui avait été faite; car, malgré son respect pour la haute naissance d'Athelstane, l'insouciance que celui-ci avait montrée jusqu'alors commençait à épuiser sa patience. Il lui saisit la main, et la serra vivement, pour lui marquer combien il approuvait les sentimens qu'il venait de montrer; mais ce mouvement d'enthousiasme se refroidit un peu quand il entendit Athelstane s'écrier qu'il combattrait douze hommes comme Front-de-Bœuf, pour sortir plus promptement d'un château où l'on mettait de l'ail dans tous les ragoûts. Malgré cette rechute de son ami dans l'apathie de sa sensualité, Cedric se mit à table en face de lui, et fit bientôt voir que si les malheurs de son pays l'empêchaient de songer à l'heure du dîner, il n'en avait pas moins conservé le bon appétit de ses ancêtres avec leurs autres bonnes qualités, et qu'il pouvait en donner des preuves quand une fois la table était servie.

Les prisonniers n'avaient pas encore fini leur repas quand ils furent troublés dans cette occupation très-importante, au moins pour Athelstane, par le son d'un cor qui se fit entendre à la porte, et qui fut successivement répété trois fois avec autant de violence que si celui qui en donnait eût été le chevalier errant devant lequel devait s'écrouler le château d'un enchanteur. Les deux Saxons se levèrent de table, et coururent à la fenêtre; mais ils ne purent satisfaire leur curiosité, car toutes les croisées donnaient sur la cour. Ce bruit semblait pourtant annoncer quelque événement important, à en juger par le tumulte qui régna dans le château quelques instans après.

CHAPITRE XXII.

> « Ma fille! — Mes ducats! — Mes ducats! ô ma fille!
> » Oh! mes ducats chrétiens!
> » Justice. — Rendez-moi mes ducats et ma fille.
>
> SHAKSPEARE. *Le Marchand de Venise.*

Dès que les deux chefs saxons virent qu'ils ne pouvaient satisfaire leur curiosité, ils se remirent à table pour tâcher au moins de satisfaire leur appétit. Nous allons les laisser dans cette occupation, pour rendre visite à Isaac d'York, dont la captivité était beaucoup plus rigoureuse.

Le pauvre juif avait été jeté dans un cachot souterrain, humide et malsain, le sol en étant plus bas que le fond du fossé qui entourait le château. La lumière n'y pénétrait que par un soupirail trop élevé pour que le prisonnier pût y atteindre avec la main. Même en plein midi, il n'y régnait qu'une sorte de crépuscule qui se changeait en obscurité profonde long-temps avant que le reste du château fût privé de la présence du jour. Des chaînes, des fers couverts de rouille, solidement attachés aux murailles, paraissaient avoir servi à des prisonniers dont on avait eu probablement à craindre la vigueur ou le courage, et quelques ossemens humains annonçaient qu'au moins un captif avait autrefois péri dans cet affreux séjour, et y était resté sans sépulture.

A l'un des bouts de cet horrible cachot était un immense fourneau en fer, rempli de charbon, sur le haut duquel étaient placées transversalement quelques barres de fer à demi-rongées par la rouille.

Un pareil spectacle aurait pu intimider une ame plus forte que celle d'Isaac, et cependant il était plus calme dans le moment d'un danger véritable que lorsqu'il avait à craindre des périls vagues et incertains. Les chasseurs prétendent que le lièvre éprouve une angoisse plus terrible quand il est poursuivi par le lévrier que lorsqu'il se débat sous sa dent (1). De même il est probable que les juifs, vivant dans des craintes perpétuelles, avaient l'esprit préparé à tout ce que la tyrannie pouvait inventer contre eux, et que lorsqu'ils étaient l'objet de quelque violence, elle ne leur causait pas cette surprise qui énerve l'ame encore plus que la terreur. D'ailleurs ce n'était pas la première fois qu'Isaac se trouvait placé dans des circonstances dangereuses. Il avait donc l'expérience pour guide; il pouvait se flatter d'échapper à ses persécuteurs, comme cela lui était déjà arrivé, et il

(1) *Nota benè*. Nous ne garantissons pas ce trait d'histoire naturelle, nous le donnons tel que nous le trouvons dans le manuscrit *Wardour* qui nous sert de guide. — L. T.

avait pour lui cette opiniâtreté inflexible, cette indomptable résolution, qui décidaient souvent les juifs à souffrir tous les tourmens que pouvaient imaginer leurs oppresseurs, plutôt que de céder à leurs injustes demandes.

Ayant donc conçu le projet d'une résistance passive, et relevé ses vêtemens autour de lui pour les préserver de l'humidité du sol, Isaac s'assit sur une grosse pierre, seul siège qui existât dans son cachot. Ses mains croisées sur sa poitrine, ses cheveux en désordre, sa longue barbe, son manteau bordé de fourrure, et sa grande toque jaune, vus à la lueur incertaine d'un rayon du jour partant du soupirail, auraient offert à Rembrandt un sujet d'étude digne de lui, si ce peintre célèbre eût existé à cette époque. Isaac avait passé trois heures dans cette position, sans en changer, lorsque le bruit de quelques pas se fit entendre sur l'escalier, les verroux de la prison s'ouvrirent à grand bruit, la porte cria sur ses gonds, et Reginald, suivi des deux esclaves sarrasins du templier, entra dans le cachot.

Front-de-Bœuf, homme d'une taille athlétique et d'une vigueur à toute épreuve, avait passé toute sa vie à faire la guerre, ou à préparer des agressions contre quelqu'un de ses voisins. Jamais il n'avait hésité sur le choix des moyens à employer pour augmenter ses richesses et sa puissance. Ses traits, répondant à son caractère, étaient durs, sauvages et féroces. Les cicatrices dont son visage était couvert auraient attiré à tout autre le respect dû aux marques d'une valeur honorable, mais elles ne servaient qu'à redoubler l'horreur et l'effroi que sa présence inspirait. Ce redoutable baron était vêtu d'un étroit pourpoint en peau, et usé en plusieurs endroits par l'armure dont il le couvrait souvent. Il n'avait pour arme qu'un poignard à sa ceinture, formant une espèce de contre-poids à un trousseau de clefs rouillées, suspendu du côté droit.

Les esclaves noirs qui le suivaient n'avaient plus leur brillant costume oriental. Ils portaient des pantalons et des gilets de grosse toile, et leurs manches étaient retroussées jusqu'au coude, comme celles d'un boucher qui va exercer ses fonctions dans la tuerie. Chacun d'eux portait un panier couvert, et quand ils furent entrés ils s'arrêtèrent à la porte, que Front-de-Bœuf ferma soigneusement. Après avoir pris cette précaution, il s'avança lentement vers le juif, sur qui il fixait les yeux comme s'il eût voulu exercer sur lui l'influence qu'on suppose à certains serpens pour fasciner leur proie. On aurait vraiment cru que l'œil farouche et féroce du baron avait le même pouvoir sur son malheureux prisonnier : la bouche ouverte, et les yeux attachés sur Front-de-Bœuf, le pauvre Isaac, oubliant le courage dont il avait cru s'être armé, fut saisi d'une telle terreur, qu'il se sentit privé de tout mouvement, et ne put ni se lever pour témoigner son respect, ni même pour porter la main jusqu'à sa toque, tant il était agité par la crainte de la mort et des tortures. Ses membres semblaient se retirer sur eux-mêmes, et sa taille se rapetisser de manière à occuper le moins d'espace possible.

Le chevalier normand, au contraire, relevait la tête, et semblait grandir encore comme l'aigle qui hérisse ses plumes au moment de fondre sur sa proie sans défense. Il s'arrêta à trois pas de la pierre sur laquelle était placé le malheureux juif, et fit signe à un des esclaves d'approcher. Le satellite noir avança, tira de son panier une paire de grandes balances et des poids, les déposa aux pieds de Reginald, et alla rejoindre son camarade près de la porte.

Tous les mouvemens de ces deux hommes étaient lents et solennels, comme si leur esprit eût été occupé de quelque scène d'horreur à laquelle ils étaient préparés.

Front-de-Bœuf rompit enfin le silence par l'apostrophe suivante :

— Chien maudit, issu d'une race maudite, dit-il au juif d'une voix forte que les échos de la voûte rendaient encore plus sinistre, vois-tu ces balances?

Le malheureux juif n'eut la force de répondre que par un signe de tête affirmatif.

— Hé bien! il faut que tu m'y pèses mille livres d'argent, au poids et au titre de la Tour de Londres.

— Bienheureux Abraham! s'écria Isaac recouvrant la voix dans cette extrémité, qui a jamais pensé à exiger une pareille somme! quels sont les yeux qui ont jamais vu tant d'argent? Vous fouilleriez toutes les maisons de tous les juifs d'York, que vous ne pourriez l'y trouver.

— Je ne suis pas déraisonnable, et si l'argent est si rare, je ne refuse pas de recevoir de l'or, à raison d'un marc d'or pour six livres d'argent. C'est le seul moyen d'éviter à ta misérable carcasse des tourmens que tu n'as jamais pu même concevoir.

— Ayez pitié de moi, noble chevalier! je suis vieux, faible, pauvre, indigne de votre colère. Quelle gloire trouverez-vous à écraser un vermisseau?

— Il se peut que tu sois vieux : c'est une honte pour ceux qui t'ont laissé vieillir dans ton métier d'usurier. Tu peux être faible, car quel juif eut jamais un cœur, un bras ? mais pauvre ! tout le monde sait que tu es riche.

— Je vous jure, noble chevalier, par tout ce que je crois, par tout ce que nous croyons l'un et l'autre...

— Ne te parjure point, et que ton obstination ne mette pas le sceau à ta destinée, avant d'avoir bien vu et bien considéré le sort qui t'est réservé. Ne crois pas que je te parle ainsi pour t'effrayer, pour profiter de la lâcheté commune à toute ta race : je te jure, par ce que tu ne crois pas, par l'Évangile que notre Église enseigne, par le pouvoir qu'elle a reçu de lier et de délier, par les clefs du ciel qui lui ont été confiées, que ma résolution est arrêtée, inébranlable, et qu'elle sera exécutée. Ce cachot n'est pas un lieu propre à la plaisanterie. Des prisonniers dix mille fois plus distingués que toi sont morts dans ces murs, sans que jamais on ait connu leur destin. Mais leur mort fut une partie de plaisir en comparaison de celle qui t'attend : elle viendra te trouver à pas lents, et sera accompagnée des plus cruelles souffrances.

Il fit signe aux esclaves d'approcher, et leur parla dans leur langue, qu'il avait apprise en Palestine, où peut-être il avait pris aussi des leçons de cruauté. Les Sarrasins ouvrirent leurs paniers, et en tirèrent du bois, un soufflet, et un flacon d'huile. Tandis que l'un frappait le briquet pour se procurer de la lumière, l'autre disposait le bois dans le fourneau de fer dont nous avons parlé, de manière à allumer le charbon qui s'y trouvait ; et à l'aide du soufflet, le brasier se trouva enflammé en peu d'instans.

— Isaac, dit alors Front-de-Bœuf, vois-tu ces barres de fer au-dessus de ces charbons ardens ? c'est sur ce lit de duvet qu'on va te placer, dépouillé de tes vêtemens. Un de ces esclaves entretiendra le feu sous toi, tandis que l'autre frottera tes membres d'huile pour empêcher que le rôti ne brûle. Choisis donc entre cette couche brûlante ou le paiement de mille livres d'argent; car, par la tête de mon père, tu n'as point d'autre alternative.

— Il est impossible, dit le juif en tremblant, que vous ayez réellement conçu un tel projet; le dieu bienfaisant de la nature n'a jamais fait un cœur capable d'exercer une telle cruauté.

— Ne te fie pas à cela, Isaac; cette erreur te serait funeste. Crois-tu que les prières, les cris et les gémissemens d'un misérable juif pourront me détourner de ma résolution, moi qui ai vu le sac d'une ville où des milliers de chrétiens périrent par le fer et le feu? Espères-tu trouver quelque pitié dans ces esclaves noirs qui ne connaissent ni lois, ni patrie, ni conscience que la volonté de leur maître; qui, au moindre signe de sa part, emploient indistinctement le fer et le poison, le pieu et la corde; qui n'entendent pas même la langue dans laquelle tu implorerais leur compassion? Sois prudent, vieillard; débarrasse-toi d'une partie du superflu de tes richesses; verse entre les mains d'un chrétien une portion de ce que tu as gagné sur d'autres chrétiens à force d'usures. Tu trouveras bientôt le moyen de faire enfler de nouveau ta bourse; mais si tu te laisses étendre sur ces barres ardentes, rien ne pourra guérir ton cuir et ta chair brûlée. Compte ta rançon, te dis-je, et réjouis-toi de sortir à si bon marché d'un cachot que bien des gens auraient voulu pouvoir quitter à pareil prix. Je n'ai pas de temps à perdre : prononce; choisis entre ta peau ou ton argent.

—Qu'Abraham et tous les saints patriarches me soient en aide! s'écria le juif: le choix m'est impossible, puisque je n'ai pas le moyen de satisfaire à votre demande exorbitante.

—Qu'on le saisisse et qu'on le dépouille, dit Front-de-Bœuf en sarrasin aux esclaves, et que ses patriarches viennent à son aide s'ils le peuvent.

Les deux esclaves s'avancèrent, saisirent Isaac, l'arrachèrent de la pierre sur laquelle il était toujours assis, et le tenant debout entre eux, la main placée sur son manteau, ils avaient les yeux fixés sur Reginald, n'attendant qu'un signe pour commencer leur opération. Le malheureux juif regardait tour à tour Front-de-Bœuf et les ministres de sa cruauté, dans l'espoir de trouver en eux quelque signe de compassion; mais le baron avait toujours l'aspect sombre et farouche, et un sourire ironique annonçait que tout accès dans son cœur était fermé à la pitié; les yeux sauvages des Sarrasins, roulant dans leur orbite avec une expression sinistre, semblaient prouver qu'ils attendaient avec une impatience féroce le moment d'un supplice dont ils se promettaient un plaisir barbare. Jetant alors les yeux sur le brasier dévorant sur lequel on se préparait à l'étendre, et perdant tout espoir, Isaac sentit sa résolution l'abandonner.

—Je paierai les mille livres d'argent, dit-il en soupirant; c'est-à-dire, ajouta-t-il après un instant de réflexion, je les paierai avec l'aide de mes frères, car il faut que je mendie à la porte de notre synagogue pour pouvoir me procurer une somme si énorme, si inouïe. Quand et où devrai-je vous la compter?

—Ici. C'est sous la voûte de ce caveau qu'elle doit

être comptée et pesée. Crois-tu que je te rendrai la liberté avant d'avoir touché ta rançon?

— Et quelle garantie aurai-je que je serai libre après ce paiement.

— La parole d'un noble Normand, vil usurier; la foi d'un noble Normand, cent fois plus pure que tout l'or et l'argent de ta tribu.

— Je vous demande mille fois pardon, noble chevalier, dit Isaac avec timidité, mais pourquoi me fierais-je entièrement à la parole d'un homme qui refuse de croire à la mienne?

— Parce que tu ne peux faire autrement. Si tu étais maintenant dans ta maison d'York, assis près de ton coffre-fort, et que je vinsse te supplier de me prêter quelques-uns de tes shekels, tu ferais tes conditions, tu exigerais des sûretés, tu me prescrirais le temps du paiement, tu fixerais l'intérêt. C'est ici la chambre de mes trésors, j'ai tout avantage sur toi : je ne daignerai même pas répéter les conditions auxquelles je t'accorde la liberté.

Le juif poussa un profond gémissement. — J'espère au moins, dit-il, qu'au moyen d'une telle rançon mes compagnons de voyage seront aussi mis en liberté. Ils me méprisaient parce que j'étais juif, cependant ils ont eu pitié de ma détresse. C'est parce qu'ils m'ont permis de voyager à leur suite qu'ils sont tombés dans l'embuscade que vous aviez préparée contre moi. D'ailleurs, ils pourront peut-être m'aider à payer une partie de la rançon.

— Si par tes compagnons de voyage tu entends ces deux porchers saxons, leurs affaires n'ont rien de commun avec les tiennes. Mêle-toi de tes affaires, juif, et ne t'inquiète pas de celles des autres.

— Mais au moins vous rendrez la liberté au jeune homme blessé que j'emmenais à York avec moi?

— Faut-il que je le répète encore? songe à tes affaires, et ne te mêle pas de celles des autres. Pense à toi, pense à payer ta rançon, et cela dans le plus court délai.

— Écoutez-moi pourtant, dit le juif, pour l'amour de cet argent même que vous voulez obtenir aux dépens de votre... Il s'arrêta, craignant d'irriter l'impétueux Normand. Mais Front-de-Bœuf ne fit qu'en rire, et achevant la phrase interrompue : — Aux dépens de ma conscience, veux-tu dire? s'écria-t-il. Parle sans crainte, Isaac, je t'ai déjà dit que je ne suis pas déraisonnable. Je sais que celui qui perd la partie ne peut rire, et je puis supporter les reproches, même d'un juif. Tu n'eus pas autant de patience quand tu attaquas en justice Jacques Fitz-Dotterel pour t'avoir appelé une sangsue, un infâme usurier, après que tes exactions eurent dévoré son patrimoine.

— Je jure par le Talmud qu'on en a imposé à votre vaillante Seigneurie sur ce point. Fitz-Dotterel avait tiré le poignard contre moi dans ma propre maison, parce que je lui demandais ce qui m'était dû. Le paiement devait s'en faire à la pâque.

— Tout cela m'est fort égal, répondit Front-de-Bœuf d'un air insouciant : la question est de savoir quand je pourrai toucher ce que tu me dois. Quand me compteras-tu les shekels, Isaac?

— Il n'y a qu'à envoyer ma fille Rebecca à York avec votre sauf-conduit, noble chevalier, et après l'intervalle nécessaire pour le voyage et le retour, l'argent;... il s'interrompit pour pousser un profond soupir; l'argent vous sera compté ici même.

— Ta fille ? s'écria Front-de-Bœuf d'un air de surprise. De par le ciel, Isaac, j'aurais voulu savoir cela plus tôt. Je croyais que cette fille aux yeux noirs n'était que ta concubine, et je l'ai donnée pour femme de chambre au vénérable templier sir Brian de Bois-Guilbert, suivant l'exemple que tes patriarches nous ont laissé.

Le juif poussa un tel cri en apprenant cette nouvelle, que les voûtes du caveau en retentirent, et les Sarrasins en furent si étourdis, que leurs mains laissèrent échapper son manteau, qu'ils avaient toujours tenu jusqu'alors. Il profita de cette espèce de liberté pour se prosterner aux pieds de Front-de-Bœuf, et embrasser ses genoux.

— Prenez tout ce que vous m'avez demandé, noble chevalier, lui dit-il, exigez-en le double, et demandez-moi tout ce que je possède, réduisez-moi à la mendicité, percez-moi de votre poignard, ou étendez-moi sur ce brasier, si c'est votre volonté; mais sauvez ma fille, délivrez Rebecca. Si vous avez puisé le jour dans le sein d'une femme, épargnez l'honneur d'une fille sans défense. Elle est l'image de ma pauvre Rachel, le dernier des six gages que j'ai obtenus de sa tendresse. — Voulez-vous priver un vieillard de la seule consolation qui lui reste? — voulez-vous réduire un père à regretter que sa fille n'ait pas encore été placée dans le tombeau de ses ancêtres, à côté de la mère qui lui a donné le jour ?

— Je voudrais avoir su cela plus tôt, dit le Normand d'un ton un peu moins dur : je croyais que votre race n'aimait que son argent.

— Ne pensez pas si mal de notre nation, dit Isaac, espérant, d'après l'air moins farouche du chevalier, qu'il pourrait parvenir à l'émouvoir : le renard et le chat sauvage, poursuivis par les chasseurs, n'oublient pas leurs petits, et la race persécutée d'Abraham aime ses enfans.

—Soit! répondit Front-de-Bœuf: je le croirai à l'avenir, par égard pour toi, Isaac; mais cela ne nous sert à rien en ce moment. Ce qui est fait est fait. J'ai donné ma parole à mon compagnon d'armes, et je n'y manquerais pas pour deux juifs et deux juives de plus. D'ailleurs, quel grand malheur pour ta fille d'être captive de Bois-Guilbert? quel mal peut-il en résulter pour elle?

—Quel mal? s'écria le juif en se tordant les mains; quel mal? quel est le templier qui ait jamais respecté la vie d'un homme et l'honneur d'une femme?

—Chien d'infidèle! s'écria Front-de-Bœuf les yeux étincelans de colère, et charmé peut-être de saisir un prétexte pour s'y livrer; ne blasphème pas le saint ordre du Temple de Sion, et ne songe qu'aux moyens de me payer la rançon que tu m'as promise, ou malheur à toi!

— Brigand! assassin! s'écria le juif hors de lui et ne pouvant résister à l'indignation qui le transportait, je ne te paierai rien! tu ne toucheras pas de moi une demi-once d'argent, à moins que ma fille ne me soit rendue.

—As-tu perdu le sens, Israélite? As-tu quelque charme pour garantir ton sang et ta chair de l'action du feu et de l'huile bouillante?

— Peu m'importe, répondit Isaac poussé au désespoir par la tendresse paternelle; fais de moi ce que tu voudras; déchire mes membres; fais rôtir ma chair, et dévore-la à mes yeux. Ma fille est aussi ma chair, et une chair qui m'est plus précieuse que celle que tu menaces·

Tu n'auras point d'argent de moi, à moins que je ne puisse le fondre et te le verser dans le gosier. Non, je ne te donnerai pas un sou d'argent, fût-ce pour te sauver de la damnation que toute ta vie a si bien méritée. Invente de nouveaux tourmens pour me faire périr; tu pourras dire que le juif, au milieu des tortures, a su braver le chrétien.

— C'est ce que nous verrons, dit Front-de-Bœuf; car, par la bienheureuse croix que ta nation a en horreur! tu vas périr par le feu et le fer... Qu'on le saisisse, dit-il aux esclaves, qu'on le dépouille, et qu'on l'enchaîne sur ces barres.

Isaac fit quelques efforts pour résister à ses bourreaux, mais la lutte était trop inégale ; et les Sarrasins, après lui avoir arraché son manteau, allaient lui ôter ses autres vêtemens, quand le son d'un cor se fit entendre trois fois; et presque au même instant plusieurs voix appelèrent Front-de-Bœuf à grands cris. Le sauvage baron, ne voulant pas être surpris occupé à cet acte de barbarie infernale, fit signe aux esclaves de le suivre, sortit précipitamment du caveau, et laissa le juif remerciant le ciel du répit qu'il lui accordait, et implorant successivement sa protection pour lui et pour sa fille.

CHAPITRE XXIII.

« Si mes soins assidus, mon respect, mon ardeur,
» Ne peuvent en ce jour vaincre votre froideur,
» Je vous ferai, ma foi, la cour en militaire. »
   SHAKSPEARE. *Les deux Gentilshommes de Vérone.*

L'APPARTEMENT où lady Rowena avait été conduite était meublé avec cette magnificence sans goût qui constituait le luxe à cette époque. En la plaçant dans cette partie du château, on donnait à la pupille de Cedric une marque d'égards et de respect que les autres prisonniers n'avaient pas obtenue; mais l'épouse de Front-de-Bœuf, qui avait occupé autrefois cet appartement, était morte depuis bien des années; il n'avait pas été habité depuis son décès, de sorte que le temps et la négligence en avaient considérablement détérioré les ornemens et le mobilier. La tapisserie était détachée des murailles en plusieurs endroits; dans d'autres, le soleil en avait flétri les couleurs, et partout elle annonçait le ravage des années. Cet appartement, tel qu'il était, avait été jugé le plus digne de recevoir l'héritière saxonne, et on l'y laissa méditer sur son destin, jusqu'à ce que les acteurs de ce drame criminel eussent choisi les différens rôles que chacun d'eux devait y jouer. Cela fut réglé dans une conférence tenue entre Front-de-Bœuf, De Bracy et le templier; et, chacun ayant débattu les avantages qu'il devait retirer de cette entreprise audacieuse, on convint enfin de la manière dont les malheureux prisonniers seraient répartis.

Il était donc environ midi quand De Bracy, qui avait le premier, et pour son avantage particulier, conçu cette expédition, se présenta pour accomplir ses desseins sur la main et la fortune de la belle lady Rowena.

Tout cet intervalle n'avait pas été employé par la conférence dont nous venons de parler. Il en avait passé une partie à se parer avec toute la recherche d'un petit-maître de cette époque. Il avait quitté sa casaque verte et son masque; ses longs cheveux bouclés flottaient sur un riche manteau garni en fourrure; il s'était rasé avec soin; son pourpoint lui descendait jusqu'à mi-jambe; des broderies d'or décoraient la ceinture qui l'assujettissait et qui soutenait en même temps sa pesante épée. Nous avons déjà parlé de la mode extravagante qui régnait alors pour les pointes de souliers; celles de De Bracy en offraient le *nec plus ultrà*, et elles étaient relevées de manière à pouvoir passer pour des cornes de bélier. Tel était alors le costume d'un petit-maître, et Bracy le faisait valoir par un extérieur agréable et par des manières qui annonçaient la grace d'un courtisan et la franchise d'un guerrier.

Il salua lady Rowena en ôtant sa toque de velours, garnie d'un ornement en or représentant saint Michel triomphant de l'ennemi du genre humain. Il fit un geste pour inviter la belle Saxonne à s'asseoir; et, comme elle continuait à rester debout, il lui offrit la main pour la conduire à un siège; mais elle refusa de l'accepter, et lui dit avec fierté : — Si je suis en présence de mon geôlier, sire chevalier, et les circonstances m'obligent à le croire, il convient à sa prisonnière de rester debout jusqu'à ce qu'elle apprenne quel doit être son destin.

— Hélas! belle lady Rowena, répondit De Bracy, vous êtes en présence de votre captif, et non de votre geôlier; et, bien loin d'avoir à prononcer sur votre destin, c'est de votre charmante bouche que j'attends l'arrêt qui doit décider du mien.

— Je ne vous connais pas, sire chevalier, dit lady Rowena en levant la tête avec l'air d'indignation que lui inspirait l'outrage fait à sa naissance et à sa beauté; je ne vous connais pas, et l'insolente familiarité avec laquelle vous m'adressez le jargon d'un troubadour ne peut servir d'excuse à la violence d'un voleur.

— C'est à vous, répliqua De Bracy sur le même ton, c'est à vos charmes qu'il faut attribuer ce que j'ai pu faire de contraire au respect dû à celle que j'ai choisie pour la souveraine de mon cœur et l'astre de mes yeux.

— Je vous répète, sire chevalier, que je ne vous connais pas, et qu'un homme portant une chaîne et des éperons d'or ne doit pas se présenter ainsi devant une femme sans protection.

— Ne pas vous être connu est un malheur pour moi;

mais permettez-moi d'espérer que le nom de De Bracy n'est pas tout-à-fait étranger pour vous, puisque les hérauts d'armes l'ont fait retentir plus d'une fois dans les tournois et sur les champs de bataille, et que les ménestrels l'ont pris pour objet de leurs chants.

— Laissez donc aux hérauts d'armes et aux ménestrels le soin de chanter vos louanges ; elles seront mieux placées dans leur bouche que dans la vôtre ; et dites-moi dans quelles archives ils consigneront la victoire mémorable que vous avez remportée cette nuit sur un vieillard suivi de quelques serfs timides, et le noble exploit par lequel vous avez enlevé une fille sans défense, pour la transporter contre son gré dans le château d'un brigand ?

— Vous êtes injuste, lady Rowena, dit De Bracy en se mordant les lèvres d'un air de confusion, et en prenant un ton qui lui était plus naturel que celui d'une galanterie affectée qu'il avait d'abord adopté : c'est parce que vous n'éprouvez pas vous-même l'influence d'une grande passion, que vous ne voulez admettre aucune excuse pour un trait de démence dont vos charmes ont été la seule cause.

— Je vous prie, sire chevalier, de cesser de me parler le langage des ménestrels vagabonds ; il est devenu si commun, qu'il ne doit pas sortir de la bouche d'un noble chevalier. Certes, vous me contraignez maintenant à m'asseoir, pour vous montrer combien je méprise ces lieux communs de galanterie, dont le dernier baladin a une provision qui pourrait lui durer d'ici jusqu'à Noël.

— Orgueilleuse dame, dit De Bracy, piqué de voir que son style galant ne lui valait que le mépris, votre fierté s'adresse à une ame qui n'est pas moins fière que la vôtre. Sachez donc que j'ai fait valoir mes prétentions à votre main de la manière qui convenait le mieux à mon caractère, et je vois, d'après le vôtre, que vous êtes de ces belles dont il faut chercher à gagner le cœur avec la lance et l'épée, plutôt qu'avec les discours de la courtoisie.

— Quand la courtoisie des discours, dit lady Rowena, ne sert qu'à voiler la bassesse des actions, c'est comme si la ceinture d'un noble chevalier entourait le corps d'un vil paysan. Je ne suis pas surprise que cette contrainte paraisse vous gêner ; il aurait été plus honorable pour vous de conserver le costume et le langage d'un bandit, que de chercher à voiler sous des expressions courtoises et apprêtées des actions qui ne conviennent qu'à lui.

— Votre conseil est excellent, lady Rowena; et je dirai, avec une hardiesse de discours digne de celle de mes actions, que vous ne sortirez de ce château qu'en qualité d'épouse de Maurice De Bracy. Je ne suis pas accoutumé à échouer dans mes entreprises, et un noble Normand n'a pas besoin de justifier scrupuleusement sa conduite envers une Saxonne qu'il honore en lui offrant sa main. Vous êtes fière, lady Rowena, vous n'en êtes que plus digne de m'appartenir. Par quel autre moyen pouviez-vous être élevée au rang et aux honneurs qui vous sont dus, si ce n'est en m'épousant ? Par quel autre moyen auriez-vous pu sortir de la grange où les Saxons logent avec les pourceaux qui font leur richesse, pour siéger à la place qui vous est due, au milieu de tout ce que l'Angleterre a de plus distingué par la beauté, de plus respectable par la puissance ?

— Ce qu'il vous plaît de nommer une grange, sire chevalier, a été ma demeure depuis mon enfance; et, croyez-moi, quand je la quitterai, si jamais je la quitte, ce sera pour quelqu'un qui ne méprisera ni l'habitation ni les mœurs dans lesquelles j'ai été élevée.

— Je vous entends, belle dame, quoique vous puissiez croire que vous vous exprimez en termes trop obscurs pour que je les comprenne. Mais ne vous flattez pas que Richard remonte jamais sur le trône, et bien moins encore que ce Wilfrid d'Ivanhoe, son favori, vous conduise jamais à ses pieds pour être saluée comme son épouse. Tout autre, en touchant cette corde, pourrait éprouver quelque jalousie; mais ma ferme résolution ne peut être ébranlée par une passion sans espoir que je ne regarde que comme un enfantillage. Apprenez, au surplus, que ce rival est en ma puissance; qu'il est prisonnier dans ce château; Front-de-Bœuf l'ignore, et je n'ai qu'un mot à dire pour éveiller dans son cœur une jalousie qui serait plus funeste à Ivanhoe que la mienne.

— Wilfrid ici! dit lady Rowena : cela est aussi vrai qu'il l'est que Front-de-Bœuf est son rival.

De Bracy fixa les yeux sur elle un instant.

— L'ignoriez-vous réellement? lui dit-il, ne saviez-vous pas qu'il voyageait dans la litière du juif? voiture bien convenable sans doute pour un croisé dont le bras devait conquérir le Saint-Sépulcre! Et il se mit à rire d'un air de mépris.

— S'il est vrai qu'il soit ici, dit lady Rowena faisant un effort sur elle-même pour prendre un ton d'indifférence, mais sans pouvoir s'empêcher de trembler, en quoi est-il rival de Front-de-Bœuf, et qu'a-t-il à craindre de lui, si ce n'est un emprisonnement de peu de durée et le paiement d'une rançon raisonnable, suivant les usages de la chevalerie?

— Êtes-vous donc abusée par l'erreur commune à tout votre sexe, qui pense qu'il ne peut exister d'autre rivalité que celle qui a ses charmes pour objet? Ne savez-vous donc pas qu'il existe une jalousie d'ambition, d'honneurs, de puissance et de richesses, comme d'amour? Croyez-vous que Front-de-Bœuf ne cherche pas à écarter de son chemin quiconque peut mettre obstacle à ses prétentions sur la belle baronnie d'Ivanhoe, et cela avec autant d'ardeur, avec aussi peu de scrupule que s'il s'agissait du cœur de la plus belle dame d'Angleterre? Mais accordez-moi votre sourire, et le chevalier blessé n'aura rien à craindre de Front-de-Bœuf, sans quoi vous pouvez le pleurer dès à présent, comme étant entre les mains d'un homme dont le cœur est inaccessible à la compassion.

— Sauvez-le, sauvez-le pour l'amour du ciel! s'écria lady Rowena dont la fermeté cédait aux craintes qu'elle concevait pour les jours de son amant.

— Je le puis, je le veux; c'est mon intention. Une fois lady Rowena l'épouse de Bracy, qui oserait porter la main sur son parent, sur le fils de son tuteur, sur le compagnon de son enfance? Mais le don de votre main doit acheter ma protection. Je ne suis pas assez fou, je n'ai pas le caractère assez romanesque, pour servir dans les dangers un homme qui est le plus puissant obstacle que mes désirs puissent rencontrer. Employez en sa faveur l'influence que vous avez sur moi, et il n'a rien à craindre; refusez d'accepter mon hommage, et Ivanhoe périt, sans que vous vous en trouviez plus libre.

— Ce ton d'indifférence et de dureté, dit lady Rowena en le regardant fixement, paraît en vous contraint et forcé. Ou vous n'êtes pas si méchant que vous voulez le paraître, ou vous n'avez pas le pouvoir que vous vous attribuez.

— Ne vous laissez pas séduire par cette idée, répondit De Bracy; le temps vous en démontrerait la fausseté. Songez que votre amant, votre amant préféré, est en ce château, blessé, sans défense; il est l'obstacle placé entre Front-de-Bœuf et ce qu'il estime plus que toutes les beautés de l'univers. Croyez-vous qu'il lui en coûtera beaucoup pour se débarrasser de cet obstacle par un coup de poignard? Vous supposerez peut-être qu'il n'osera se porter à cet acte de violence ouverte. Soit! mais un prétendu médecin peut administrer par son ordre au blessé un cordial qui le guérira de tous ses maux. Celui ou celle qui veille près de lui peut, en retirant l'oreiller de dessous sa tête, faciliter son passage dans l'autre monde (1); et, dans l'un comme dans l'autre cas, Ivanhoe périt sans que Front-de-Bœuf puisse être soupçonné d'être l'auteur de sa mort. Cedric lui-même.....

— Cedric! s'écria lady Rowena : mon noble, mon généreux tuteur! Ah! je mérite les malheurs qui m'arrivent, puisque je puis l'oublier pour m'occuper du destin de son fils.

— Oui, le destin de Cedric dépend aussi de votre détermination, dit De Bracy, et je vous laisse le soin d'y réfléchir.

(1) Allusion à une ancienne coutume barbare. Lorsque quelqu'un était à l'agonie, pour abréger ses souffrances, on retirait l'oreiller de dessous lui, on laissait pencher sa tête en bas, et l'on accélérait sa mort en le privant de respiration. — Éd.

Lady Rowena avait soutenu jusque-là cette scène déchirante avec un courage admirable, mais c'était parce qu'elle n'avait regardé le danger ni comme sérieux ni comme imminent. Son caractère naturel était celui que les physionomistes attribuent généralement aux teints blancs, doux, timide et sensible ; mais l'éducation lui avait en quelque sorte donné une trempe plus forte. Accoutumée à voir céder à ses moindres désirs toutes les volontés, même celle de Cedric, quoique assez impérieux à l'égard de tout autre, elle avait acquis cette sorte de courage et de confiance en elle-même qui naît de la déférence constante de tous ceux qui composent le cercle dans lequel nous vivons. Elle concevait à peine la possibilité d'une opposition à ses desseins, et bien moins encore l'idée d'être traitée sans le moindre égard.

Son caractère impérieux et fier n'était donc qu'un caractère fictif, qui l'abandonna dès que ses yeux furent ouverts sur le danger que son amant et son tuteur couraient avec elle, lorsqu'elle vit qu'elle avait à faire à un homme robuste et résolu, qui avait sur elle tous les avantages, et qui se disposait à en user.

Après avoir jeté les yeux autour d'elle, comme si elle eût cherché des secours inespérés, et après avoir poussé quelques exclamations incohérentes qui n'offraient aucun sens, elle leva les bras au ciel, fondit en larmes, et se livra au plus violent désespoir. Il était impossible de la voir en cet état sans être touché de compassion, et Bracy se sentit ému malgré lui, quoiqu'il éprouvât encore plus d'embarras que d'émotion. Il trouvait qu'il était trop avancé pour pouvoir reculer ; et cependant, dans la situation où il voyait lady Rowena, ni les raisonnemens ni les menaces ne pouvaient faire impression sur elle. Il se promenait en long et en large dans l'appartement, tantôt engageant la belle Saxonne à se calmer, tantôt réfléchissant sur ce qu'il devait faire.

— Si je me laisse attendrir par les pleurs et le chagrin de cette belle inconsolable, pensait-il, quel fruit recueillerai-je de mon entreprise, si ce n'est la perte des belles espérances que j'avais conçues, pour lesquelles j'ai couru tant de risques et les railleries du prince Jean et de mes compagnons? Et cependant je ne me sens pas fait pour le rôle que j'ai voulu jouer. Je ne puis voir de sang-froid de si beaux yeux noyés de larmes, des traits si charmans défigurés par l'agonie du désespoir. Plût au ciel qu'elle eût conservé son premier caractère de hauteur et de fierté, ou que j'eusse, comme Front-de-Bœuf, le cœur entouré d'un triple airain!

Agité par ces réflexions, il ne put qu'engager de nouveau lady Rowena à se calmer; l'assurer qu'elle avait tort de se livrer à un tel désespoir, que jamais il n'avait eu l'intention de lui causer un si violent chagrin; enfin que c'était l'excès de sa passion qui l'avait excité, malgré lui, à faire des menaces qu'il rougirait d'exécuter. Mais, au milieu des consolations qu'il tâchait de lui donner, il fut interrompu par le son trois fois répété du cor qui avait alarmé au même instant les autres habitans du château, et qui les avait arrêtés dans l'exécution de leurs plans. Des trois confédérés, Bracy fut probablement celui qui regretta le moins cette interruption, car sa conférence avec lady Rowena était arrivée à un point où il lui semblait aussi difficile de la continuer que de la rompre.

Ici nous ne pouvons nous empêcher de croire qu'il

est nécessaire que nous donnions à nos lecteurs quelques preuves meilleures que les incidens de notre histoire, pour les convaincre de la vérité du triste tableau des mœurs de cette époque que nous venons de lui tracer. Il est fâcheux de penser que ces vaillans barons, qui par leur noble résistance aux prétentions exagérées de la couronne assurèrent la liberté de l'Angleterre et les privilèges du peuple anglais, aient été eux-mêmes de farouches oppresseurs, et se soient rendus coupables d'excès contraires non-seulement aux lois de leur patrie, mais à celles de l'humanité. Mais, hélas! nous n'avons qu'à puiser dans le judicieux Henry un de ces nombreux passages qu'il a recueillis dans les auteurs contemporains, pour prouver que la fiction même peut à peine atteindre la sombre horreur de ces temps désastreux.

La description faite par l'auteur de la Chronique saxonne des cruautés exercées, sous le règne du roi Étienne, par les grands barons et les seigneurs de châteaux, qui étaient tous Normands, fournit une preuve irrécusable des excès dont ils étaient capables dans la violence de leurs passions.

— Ils opprimaient le peuple, dit-il, en le forçant à leur construire des châteaux; et, quand ils étaient construits, ils les remplissaient de scélérats, ou pour mieux dire de diables incarnés, par qui ils faisaient saisir les hommes et les femmes à qui ils soupçonnaient des richesses; ils les jetaient dans des prisons, et leur faisaient subir des tortures plus cruelles que jamais martyr n'en endura. Ils étouffaient les uns dans la boue, suspendaient les autres par les pieds, par la tête ou par les pouces, et allumaient sous eux un grand brasier.

Quelquefois ils leur entouraient la tête de cordes à nœuds, qu'ils serraient jusqu'à ce qu'elles pénétrassent dans leur cerveau, ou ils les jetaient dans des souterrains remplis de vipères, de serpens et de crapauds.

Il serait trop cruel de condamner le lecteur à lire le reste de cette affreuse description (1).

Une autre preuve, et peut-être la plus forte que nous puissions donner de ces fruits amers de la conquête, c'est que l'impératrice Mathilde, quoique fille du roi d'Écosse, ensuite reine d'Angleterre et impératrice d'Allemagne, fille, femme et mère de monarques, fut obligée, pendant le séjour qu'elle fit en Angleterre pendant sa jeunesse, pour son éducation, de prendre le voile, comme unique moyen d'échapper aux poursuites licencieuses des nobles normands. Elle allégua ce motif devant le grand conseil du clergé d'Angleterre, comme la seule raison de sa profession religieuse, et le clergé assemblé admit la validité de ce moyen, et reconnut comme notoires les circonstances qui l'avaient déterminée à prononcer des vœux dont il reconnut la nullité. C'était rendre un éclatant témoignage de cette licence honteuse qui fit l'opprobre de ce siècle. Il était généralement reconnu, dit-on, qu'après la conquête de l'Angleterre par Guillaume, les Normands venus à sa suite, fiers d'une si grande victoire, n'obéirent à d'autres lois qu'à leurs passions. Non-seulement ils dépouillèrent de leurs biens et de leurs terres les Saxons qu'ils avaient vaincus, mais ils attaquaient même ouvertement, et de la manière la plus brutale, l'honneur de leurs femmes et de leurs filles. De là il arrivait très-souvent que les

(1) *Histoire d'Henry*, édit. de 1805, t. VII, pag. 346.

veuves et les filles de l'ancienne noblesse du pays se retiraient dans un couvent, et y prenaient le voile, non par suite d'une vocation pour la vie du cloître, mais parce que c'était leur seule ressource pour conserver leur honneur pur et sans tache.

Telle était la licence des temps, et elle est attestée par la déclaration publique de l'assemblée du clergé, qui nous a été transmise par Eadmer. Nous croyons donc n'avoir pas besoin de chercher d'autres preuves pour démontrer que les scènes que nous venons de tracer, et celles que nous avons encore à rapporter, d'après l'autorité du manuscrit moins authentique de Wardour, n'offrent rien qui ne soit vraisemblable.

CHAPITRE XXIV.

« Comme un lion courtise sa lionne. »
J. Home. *Douglas.*

Tandis que les scènes que nous venons de décrire se passaient dans différentes parties du château, la juive Rebecca attendait son destin dans la tour la plus solitaire et la plus sombre. Elle y avait été conduite par deux de ses ravisseurs déguisés, qui la firent entrer dans une petite chambre où elle se trouva en présence d'une vieille sibylle occupée à filer, et qui chantait en grommelant une vieille ballade saxonne, comme pour accompagner le mouvement de son fuseau. Elle leva la tête en voyant Rebecca entrer, et jeta sur la belle juive ce regard d'envie et de malignité, accueil ordinaire que font à la jeunesse et à la beauté la vieillesse et la laideur quand elles sont jointes à des dispositions malfaisantes.

— Allons, vieux grillon, lève-toi et pars, dit un des conducteurs de Rebecca, notre noble maître l'ordonne : il faut que tu fasses place à une hôtesse plus belle que toi.

— Oui, dit la vieille d'un ton grondeur, c'est ainsi qu'on reconnaît les services. Il fut un temps où un seul mot prononcé par moi aurait fait chasser le meilleur homme d'armes du château, et aujourd'hui il faut que je sois aux ordres du dernier des palfreniers.

— Dame Urfried, dit son compagnon, il ne s'agit pas de raisonner, mais d'obéir, et sur-le-champ. Il faut avoir l'oreille alerte pour entendre les ordres d'un maître. Tu as eu ton temps comme une autre; ton soleil a eu son midi; mais à présent il se couche. Tu ressembles au vieux cheval de bataille qu'on finit par mettre à la réforme, tu as couru le galop, et maintenant tu es à peine en état de trotter. Allons, dépêche-toi, et trotte hors d'ici.

— Vous êtes deux chiens de mauvais augure, dit la vieille, et puisse un chenil vous servir de tombeau ! Je veux que Zernebock, le démon des anciens Saxons, m'arrache d'ici membre à membre si je sors de ma cellule avant d'avoir fini de filer le lin qui reste à ma quenouille !

— Tu en répondras à notre maître, dit l'un d'eux. Et se retirant tous deux, ils la laissèrent avec Rebecca, qu'ils avaient fait entrer malgré la vieille.

— De quel côté souffle donc le vent aujourd'hui, et quelle affaire diabolique ont-ils en tête? murmura la vieille dès qu'ils furent partis. Et jetant sur Rebecca un regard de côté plein de malignité : — Cela n'est pas difficile à deviner, ajouta-t-elle; des yeux brillans, des cheveux noirs, et une peau blanche comme le papier avant que le prêtre y étende sa drogue noire.... Oui, oui, il est aisé de voir pourquoi on l'a envoyée dans une tour qui n'est habitée que par moi seule, d'où un cri ne serait pas plus entendu que s'il partait de dix mille toises sous terre. Tu auras des hiboux pour voisins, ma belle, tu entendras leurs cris, mais les tiens ne seront entendus de personne.... Elle est étrangère, dit-elle en examinant le turban et les vêtemens de Rebecca. De quel pays viens-tu ? es-tu Sarrasine ou Égyptienne ? Pourquoi ne réponds-tu pas ? ne sais-tu que pleurer ? ne peux-tu point parler ?

— Ne vous fâchez pas, bonne mère, répondit Rebecca.

— Tu m'en as dit assez, reprit Urfried : on reconnaît un renard à la queue, et une juive à la langue.

— Pour l'amour du ciel, apprenez-moi ce que j'ai à craindre, et comment se terminera la violence qu'on m'a faite en m'amenant ici. En veut-on à ma vie à cause de ma religion ? j'en ferai le sacrifice à Dieu sans murmurer.

— A ta vie, ma mignonne ! Quel bien, quel plaisir ta mort leur procurerait-elle ? Non, non, ta vie ne court aucun risque. Ton sort sera semblable au mien. Et pourquoi une juive serait-elle mieux traitée qu'une noble fille saxonne ? Une juive aurait-elle le droit de s'en plaindre ? Regarde-moi ; j'étais jeune comme toi, j'étais encore plus belle que toi, quand Front-de-Bœuf, père de ce Reginald, s'empara de vive force de ce château. Mon père et mes sept frères défendirent leur château d'étage en étage, de chambre en chambre. Leur sang coula dans toutes les salles, sur tous les escaliers,

L'enfant presque au berceau fut massacré sans pitié. Ils périrent, tous périrent; et le froid de la mort n'avait pas encore glacé leurs restes inanimés, leur sang coulait encore, que j'étais déjà la proie du vainqueur.

— N'existe-t-il donc aucun moyen de fuir, de leur échapper? dit Rebecca. Je récompenserais richement le secours que vous me donneriez!

— Fuir! échapper! répéta Urfried. N'y pense pas: il n'y a qu'une porte pour sortir d'ici, c'est celle de la mort, et elle ne s'ouvre que bien tard, ajouta-t-elle en branlant la tête. Mais c'est une consolation de songer que nous laissons derrière nous, sur la terre, des êtres qui ne seront pas moins misérables. Adieu, juive..... juive ou chrétienne, ton sort serait toujours le même, car tu as affaire à des gens qui ne connaissent ni le scrupule ni la pitié. Adieu, te dis-je, ma quenouille est finie, et ta tâche n'est pas encore commencée.

— Restez! restez! s'écria Rebecca; quand ce serait pour m'injurier et me maudire. Votre présence sera pour moi une sorte de protection.

— La présence de la mère de Dieu ne pourrait vous protéger. Voyez, dit la vieille en lui montrant une image de la sainte Vierge grossièrement sculptée dans le mur, la voilà; voyez si elle pourra détourner le sort qui vous attend.

Sortant, à ces mots, avec un sourire moqueur qui rendit ses traits ridés doublement hideux, elle ferma la porte sur elle, et Rebecca l'entendit descendre lentement l'escalier, en maudissant à chaque pas les marches, qu'elle trouvait trop raides.

Rebecca courait de bien plus grands dangers que lady

Rowena. On pouvait conserver quelque ombre de respect pour une noble héritière saxonne; mais à quels égards pouvait s'attendre la fille d'une race proscrite et persécutée? La juive avait pourtant un avantage. L'habitude de réfléchir, une force d'esprit naturelle et bien au-dessus de ses années, et la connaissance des périls dont sa nation était toujours entourée, lui donnaient plus de moyens pour résister aux outrages dont elle était menacée. Douée d'un caractère ferme et observateur, même dès sa plus tendre jeunesse la pompe et l'opulence que son père déployait dans l'intérieur de sa maison, ou qu'elle voyait chez les autres riches Hébreux, n'avaient pu l'aveugler au point de l'empêcher de comprendre combien cet état était précaire. De même que Damoclès, dans son célèbre repas, Rebecca voyait toujours au milieu du luxe qui l'entourait l'épée suspendue par un seul cheveu sur la tête de tout son peuple. Ces idées avaient mûri son jugement, et rendu plus souple et plus réfléchi un naturel qui, dans d'autres circonstances, aurait pu devenir hautain, fier et opiniâtre.

D'après l'exemple et les injonctions de son père, Rebecca avait appris à se conduire avec civilité à l'égard de tous ceux qui approchaient d'elle. Elle n'avait pu imiter son humilité servile, parce qu'elle avait l'ame noble et élevée, et qu'un acte de bassesse qu'elle se serait permis aurait suffi pour la rendre méprisable à ses propres yeux; mais sa fierté était modeste, et elle se soumettait avec résignation à la situation où le ciel l'avait placée comme fille d'une race proscrite, tandis qu'elle sentait en elle-même une conviction intime qu'elle avait droit à un plus haut rang dans l'estime publique,

que celui auquel le despotisme arbitraire des préjugés religieux lui permettait d'aspirer.

Préparée ainsi à attendre l'adversité, elle avait acquis la fermeté nécessaire pour la supporter. Sa position actuelle exigeait toute sa présence d'esprit, et elle l'appela à son secours.

Son premier soin fut d'examiner la chambre, mais elle ne lui offrait que peu de ressources pour fuir ou se défendre. Il ne s'y trouvait aucun verrou pour la fermer intérieurement, et l'examen le plus attentif ne lui fit découvrir ni trappe ni passage secret. Un mur épais régnait tout à l'entour, et il n'y avait d'autre porte que celle par laquelle on l'avait introduite et qui communiquait seule avec le reste du château. L'unique fenêtre qui éclairait l'appartement lui donna d'abord quelque espoir, car elle donnait sur une petite terrasse extérieure d'environ trois pieds de largeur, pratiquée pour placer quelques archers en cas d'attaque de ce côté. Mais elle reconnut que cette plate-forme était isolée, et sans aucune communication avec le reste du bâtiment.

Il ne lui restait donc pour toute ressource qu'un courage passif, et cette confiance dans le ciel naturelle aux ames nobles et généreuses. Quoiqu'un des points de croyance de Rebecca fût une fausse interprétation des saintes Écritures dans les promesses qu'elles font au peuple choisi de Dieu, elle avait aussi été accoutumée à regarder la situation actuelle de ce peuple comme un état d'épreuves, et à espérer qu'un jour viendrait où les enfans de Sion seraient appelés à partager tous les droits des gentils. En attendant cet heureux moment, tout, autour d'elle, lui annonçait que sa nation souffrait une de ces persécutions prédites par les prophètes, et qu'il était de son devoir de s'y soumettre sans murmurer. Se considérant donc comme une des victimes de l'infortune générale, elle avait depuis long-temps appris à envisager avec sang-froid tous les malheurs qui pouvaient lui arriver.

Cependant elle trembla et changea de couleur quand elle entendit quelqu'un monter l'escalier qui conduisait à sa chambre, et surtout quand, la porte en ayant été ouverte, elle y vit entrer un homme de grande taille, vêtu comme un de ces brigands auxquels elle attribuait encore sa captivité. Sa toque, enfoncée sur ses sourcils, cachait le haut de sa figure, et il tenait son manteau croisé de manière à en couvrir la partie inférieure. Sous ce déguisement, comme s'il se fût préparé à quelque action dont il rougissait lui-même, il ferma la porte avec soin, et se présenta devant sa prisonnière effrayée. Quoique plus audacieux que ceux dont il avait emprunté le costume, il parut cependant embarrassé pour expliquer le motif de sa visite; et Rebecca, le jugeant d'après ses vêtemens, et croyant qu'en satisfaisant sa cupidité elle pourrait obtenir quelques droits à sa protection, eut le temps de détacher un superbe collier et deux riches bracelets qu'elle portait, et de les lui présenter.

— Prenez ceci, mon ami, lui dit-elle; pour l'amour du ciel, ayez pitié de mon vieux père et de moi. Ces bijoux sont précieux; mais ce n'est qu'une bagatelle auprès de ce que nous donnerions pour obtenir de sortir de ce château sans qu'il nous soit fait aucune injure.

Belle fleur de la Palestine, répondit le prétendu

IVANHOE.

outlaw en refusant les joyaux qu'elle lui offrait, ces perles sont orientales, mais elles cèdent en blancheur à vos dents : ces diamans sont brillans, mais ils n'ont pas l'éclat de vos yeux ; et depuis que j'ai embrassé ma profession j'ai fait vœu de préférer toujours la beauté aux richesses.

— Ne vous faites pas tort à vous-même, répliqua Rebecca : acceptez une rançon, et ayez pitié de nous. Avec de l'or, rien ne vous manquera ; et si vous nous maltraitez, vous n'obtiendrez que des remords. Mon père satisfera volontiers à tous vos désirs ; et si vous êtes sage, l'or que vous obtiendrez de lui pourra faciliter votre rentrée dans la société, vous valoir le pardon de vos erreurs passées, et vous mettre à l'abri de la nécessité d'en commettre de nouvelles.

— C'est fort bien parler, dit Bois-Guilbert en français, trouvant peut-être quelque difficulté à continuer en saxon la conversation que Rebecca avait commencée en cette langue ; mais apprenez, lis charmant de la vallée de Bacca, que votre père est déjà entre les mains d'un savant alchimiste qui trouvera le moyen de fondre ses shekels et de les convertir en lingots. Le vénérable Isaac subit une opération qui le fera renoncer à ce qu'il a de plus cher au monde, sans que j'aie besoin d'y employer mes efforts ou mes prières. L'amour et la beauté doivent payer votre rançon, et je ne l'accepterai qu'en cette monnaie.

— Tu n'es point un outlaw, dit Rebecca en se servant de la même langue qu'il venait d'employer. Jamais outlaw ne refusa de pareilles offres, et aucun d'eux en ce pays ne connaît le dialecte dans lequel tu viens de me parler. Tu es un Normand, peut-être un noble normand ; sois-le dans tes actions, et laisse là ce masque hideux d'outrage et de violence.

— Et vous qui devinez si juste, dit Bois-Guilbert en baissant le manteau blanc qui lui couvrait une partie de la figure, vous n'êtes pas une fille d'Israël ; vous êtes la sorcière d'Endor, si ce n'est que vous êtes jeune et belle. Vous l'avez dit, belle rose de Sharon, je ne suis pas un outlaw ; je suis un chevalier, un chevalier normand de haut lignage, et qui aura plus de plaisir à vous parer de perles et de diamans qu'à vous dépouiller de ceux que vous avez déjà.

— Et qu'attendez-vous donc de moi, lui demanda Rebecca, si ce ne sont des richesses? Que peut-il y avoir de commun entre vous et moi? Vous êtes chrétien, je suis juive ; notre union est défendue par les lois de l'Église comme par celles de la synagogue.

— Oui sans doute! s'écria le templier en riant : épouser une juive! Non, de par Dieu! fussiez-vous la reine de Saba! Sachez d'ailleurs, charmante fille de Sion, que, si le roi très-chrétien m'offrait sa fille très-chrétienne en mariage, avec le Languedoc pour dot, je ne pourrais l'accepter. Mon vœu me défend d'aimer autrement que par amour, comme je veux vous aimer. Je suis templier, voyez la croix de mon ordre.

— Oserez-vous bien en appeler à un tel signe dans un pareil moment? dit Rebecca.

— Que vous importe? vous ne croyez pas à ce signe bienheureux de notre salut.

— Je crois ce que mes pères ont cru ; et, si je me trompe dans ma croyance, puisse Dieu me le pardonner!..... Mais vous, sire chevalier, quelle est la vôtre, quand vous en appelez sans scrupule à un symbole que votre religion regarde comme sacré, à l'instant même où vous parlez de violer le vœu solennel que vous avez fait comme chevalier et religieux?

— Vous prêchez à ravir, fille de Sirach; mais, aimable Ecclésiastica, les préjugés étroits de votre nation ne vous permettent pas de connaître nos privilèges. Le mariage serait un crime au premier chef pour un templier; mais les autres folies qu'il peut se permettre ne sont que des fautes vénielles. J'irai chercher l'absolution au couvent le plus voisin. Le plus sage de vos monarques et son père, dont vous conviendrez que l'exemple doit avoir quelque poids, ne jouissaient pas de prérogatives plus étendues que celles dont nous jouissons, nous autres pauvres soldats du temple de Sion, pour en avoir embrassé la défense. Les protecteurs du temple de Salomon ont acquis le droit d'imiter ce grand roi dans sa conduite.

— Si vous n'avez lu les saintes Écritures que pour y chercher les moyens de justifier votre vie licencieuse, vous ressemblez à celui qui travaille à extraire un poison des herbes les plus utiles et les plus salutaires.

Les yeux du templier étincelèrent du feu de la colère à ce reproche mérité. — Rebecca, lui dit-il, écoute-moi. Je t'ai parlé jusqu'à présent avec douceur, mais je vais te parler en maître: tu es ma captive; je t'ai conquise avec la lance et l'épée; et tu es soumise à mes volontés par toutes les lois des nations. Je ne rabattrai rien de mes droits, et j'obtiendrai par la violence ce que tu refuses aux prières et à la nécessité.

— Arrête, dit Rebecca, arrête; écoute-moi, avant de te souiller d'un crime abominable. Ta force peut l'emporter sur la mienne; car Dieu a fait la femme faible, et a confié sa défense à la générosité de l'homme : mais, templier, je proclamerai ta scélératesse d'un bout de l'Europe à l'autre ; je devrai à la superstition de tes confrères ce que leur compassion me refuserait peut-être. Toutes les commanderies, tous les chapitres de ton ordre apprendront qu'un templier a manqué à ses vœux pour une juive ; et ceux même que ton crime en lui-même ne ferait pas frémir te maudiront pour avoir déshonoré la croix que tu portes, pour l'amour d'une fille de mon peuple.

— Tu as l'esprit subtil, ma petite juive, dit le templier qui savait que toute intrigue criminelle avec une juive était rigoureusement punie par les statuts de son ordre, et qui avait même vu prononcer la dégradation de quelques chevaliers pour ce crime ; — tu as l'esprit subtil ; mais il faudra que tu aies la voix forte, si tu peux la faire entendre au-delà des murs de ce donjon, que ne peuvent percer ni les murmures, ni les plaintes, ni les gémissemens, ni les cris. Or tu n'en sortiras de ta vie qu'à une seule condition : soumets-toi à ton destin, et embrasse notre sainte religion. Alors je t'en fais sortir, et je te fais briller d'une telle magnificence, que les plus fières dames normandes cèderont en éclat comme en beauté à la favorite de la meilleure lance des défenseurs du Temple.

— Me soumettre à mon destin ! s'écria Rebecca. Quel destin, juste ciel !..... embrasser ta religion ! Et quelle peut être cette religion qu'un monstre comme toi professe ?..... *Toi*, la meilleure lance des templiers ! — lâche chevalier ! — prêtre parjure ! — je te méprise, et je défie ta malice : le Dieu d'Abraham a ouvert une voie à sa fille pour se retirer de cet abîme d'infamie.

A ces mots, elle ouvrit la fenêtre, et se plaça sur le bord de l'étroite plate-forme sous laquelle il n'y avait plus qu'un effrayant précipice. Ne s'attendant pas à cet acte de désespoir, car jusqu'alors Rebecca était restée immobile, Bois-Guilbert ne put ni la retenir ni lui couper le chemin. Il fit pourtant un mouvement pour courir à elle.

— Reste où tu es, fier templier, s'écria-t-elle, ou, si tu fais un pas de plus vers moi, je me jette à l'instant dans le précipice que tu vois sous mes pieds. Mon corps sera écrasé et méconnaissable avant d'être la victime de ta brutalité.

En finissant ces mots, elle joignit les mains et les éleva vers le ciel, comme pour implorer sa miséricorde pour son ame avant de s'élancer dans l'abîme.

Le templier hésita un instant, mais son audace, qui n'avait jamais cédé ni à la pitié ni aux prières, céda à l'admiration que lui inspira le courage héroïque d'une jeune fille. — Jeune imprudente, lui dit-il, quitte cet endroit dangereux ; rentre dans la chambre ; je te jure par le ciel et la terre que je ne chercherai pas à t'offenser.

— Je ne me fierai pas à toi, templier : tu m'as appris à connaître les vertus de ton ordre. Manquer à ce nouveau serment ne serait encore pour toi qu'une faute vénielle. Pourrais-tu te croire obligé à garder le serment qui n'intéresse que l'honneur ou le déshonneur d'une pauvre juive ?

— Vous ne me rendez pas justice, dit le templier ; je vous jure par le nom que je porte, par la croix qui est sur mon épaule, par l'épée suspendue à mon côté, par les armoiries de mes ancêtres, que vous n'avez rien à craindre de moi. Si vous oubliez le soin de votre sûreté, songez à celle de votre père ; il est en danger; il a besoin d'un ami puissant, et je lui en servirai.

— Hélas! dit Rebecca, je ne sais que trop quels risques il court dans ce château ! mais puis-je me fier à vous ?

— Je consens qu'on brise mes armes et que mon nom soit déshonoré, si vous avez le moindre motif pour vous plaindre de moi. J'ai méprisé bien des lois, bien des réglemens, mais jamais je n'ai manqué à ma parole.

— Voici jusqu'où peut aller ma confiance en vous, dit Rebecca en quittant les créneaux et en se serrant contre une des embrasures ou des machicoulis, comme on les appelait alors. Je n'irai pas plus loin, et, si vous cherchez à diminuer d'un seul pas la distance qui nous sépare, vous verrez qu'une juive aime mieux confier son ame à Dieu que son honneur à un templier.

Pendant que Rebecca parlait ainsi, sa noble et ferme résolution, qui correspondait si bien à la beauté expressive de ses traits, donnait à ses regards, à son accent et à son maintien, une dignité supérieure à celle d'une mortelle. La crainte d'une mort si prochaine et si horrible ne fit ni trembler ses lèvres ni pâlir ses joues : au contraire, la pensée qu'elle était maîtresse de son destin, et que la mort pouvait la sauver de l'infamie, animait son teint et ajoutait un nouvel éclat à ses yeux.

— Que la paix soit conclue entre nous, Rebecca, dit le templier.

— La paix, si tu veux, répondit-elle, la paix, mais à cette distance.

— Vous ne devez cependant plus me craindre.

— Je ne vous crains pas, grace à celui qui a construit cette tour si élevée, qu'il est impossible qu'un être animé en tombe sans perdre la vie. Grace à lui et au Dieu d'Israël, je ne vous crains pas.

— Vous ne me rendez pas justice, s'écria le templier; de par le ciel et la terre, vous ne me la rendez pas. Je ne suis pas naturellement ce que vous me croyez, ce que vous m'avez vu, dur, égoïste, inflexible. Une femme a fait naître en mon cœur la cruauté, et j'ai été sans pitié pour les femmes, mais non pour celles qui vous ressemblent. Écoutez-moi, Rebecca; jamais chevalier n'a pris la lance avec un cœur plus dévoué à la dame de ses pensées que Brian de Bois-Guilbert. Fille d'un petit baron qui n'avait pour tous domaines qu'une tour tombant en ruines, un mauvais vignoble, et quelques lieues de terrain dans les landes stériles de la Gascogne, son nom était connu partout où il se passait de hauts faits d'armes, plus connu que celui de mainte dame qui avait un comté pour dot. Oui, continua-t-il d'un ton animé, en marchant à grands pas et se rappelant à peine la présence de la belle juive, oui, mes exploits, mes dangers, mon sang répandu plus d'une fois, firent connaître le nom d'Adélaïde de Montemart depuis la cour de Castille jusqu'à celle de Bysance. Et comment en fus-je payé? quand je revins chargé de lauriers si chèrement achetés, au prix de mille fatigues, au prix de mon sang, je la trouvai mariée à un simple écuyer gascon dont le nom n'avait jamais été prononcé hors de l'enceinte de son petit domaine! C'était bien véritablement que je l'aimais; je jurai de me venger, et ma vengeance fut terrible, mais elle retomba sur ma tête. Je rompis violemment tous les liens qui attachent à la vie. — Mon âge mûr ne connaîtra pas de toit domestique. — Je ne serai point consolé par une épouse affectueuse. — Ma vieillesse n'aura point de foyer ami. — Mon tombeau sera solitaire. — Aucun fils ne doit me survivre pour porter l'ancien nom de Bois-Guilbert. — J'ai déposé aux pieds de mon supérieur ma volonté et le privilège de mon indépendance. Le templier, véritable serf, auquel il n'en manque que le nom, ne peut posséder ni biens ni terres ; il ne vit, n'agit, ne respire que par la volonté et sous le bon plaisir de son grand-maître.

— Hélas ! dit Rebecca, quels avantages peuvent indemniser de si grands sacrifices ?

— L'espoir de la vengeance, Rebecca, et les projets de l'ambition.

— Pauvre récompense pour l'abandon de tout ce que les hommes ont de plus cher ! dit la juive.

— Ne parlez pas ainsi, jeune fille ; la vengeance est le plaisir des dieux ; et, s'ils se la réservent, comme nos prêtres nous le disent, c'est parce qu'ils la regardent comme une jouissance trop précieuse pour l'accorder à de simples mortels. Et l'ambition ! c'est une tentation capable de troubler le bonheur du ciel même. Rebecca, ajouta-t-il après un moment de silence, celle qui peut préférer la mort au déshonneur doit avoir une ame forte et fière. Il faut que tu sois à moi !..... Ne vous effrayez pas, dit-il en la voyant tressaillir et se tourner vers la plate-forme, il faut que ce soit de votre plein gré, et que vous-même en prescriviez les conditions. Il faut que vous consentiez à partager avec moi des espérances plus étendues que celles qu'on peut attendre du trône d'un monarque. Écoutez-moi avant de me répondre, et réfléchissez avant de me refuser. Le templier, comme vous l'avez dit, perd ses droits sociaux et sa liberté, mais il devient membre d'un corps puissant, devant lequel les trônes tremblent déjà. Une goutte d'eau, tombant dans la mer, devient partie de cet océan irrésistible qui mine les rochers, et qui engloutit des flottes entières; il en est de même de chaque chevalier dans notre ordre. Ne croyez pas que j'en sois un des moindres membres. La valeur dont j'ai fait preuve m'a fait promettre la première commanderie vacante, et l'on me regarde comme devant obtenir un jour le bâton de grand-maître. Si j'y parviens jamais, les pauvres soldats du Temple ne se borneront pas à placer le pied sur le cou des rois : un moine à sandales de cordes peut en faire autant. Notre gantelet arrachera le sceptre de leurs mains; notre cotte de mailles s'assiéra sur leur trône. La venue du Messie, que votre nation attend en vain, ne lui procurerait pas un pouvoir égal à celui auquel je puis aspirer. Je ne chercherais qu'une ame aussi ardente que la mienne pour le partager avec elle, et je l'ai trouvée en vous.

— Est-ce à une fille d'Israël que vous parlez ainsi? dit Rebecca : songez donc....

— Ne cherchez pas à me répondre en alléguant la différence de nos croyances. Dans nos assemblées secrètes, nous ne faisons que rire des contes dont nos nourrices nous ont bercés. Ne croyez pas que nous n'ayons pas ouvert les yeux sur la folie de nos fondateurs, qui renoncèrent à toutes les délices de la vie pour le plaisir de gagner ce qu'ils appelaient la couronne du martyre, en mourant de faim et de soif, victimes de la peste ou du cimeterre des barbares, contre lesquels ils s'efforcèrent en vain de défendre un désert aride, qui n'a de prix qu'aux yeux de la superstition. Notre ordre conçut bientôt de plus grandes vues, des projets plus hardis, et trouva une indemnité plus proportionnée à nos sacrifices. Nos immenses possessions dans tous les royaumes de l'Europe, notre renommée militaire, qui amène à nous la fleur de la chevalerie de tous les pays de la chrétienté, tout tend à un but auquel ne songeaient guère nos pieux fondateurs ; les esprits faibles qui embrassent notre ordre, par suite des mêmes préjugés, l'ignorent, et leur superstition les rend nos instrumens passifs. Mais je ne puis en ce moment soulever davantage le voile qui couvre nos grands desseins. Le son du cor que vous venez d'entendre annonce quelque événement qui peut rendre ma présence nécessaire. Réfléchissez sur tout ce que je viens de vous dire. Je ne vous demande pas de m'accorder le pardon de la menace dont je vous ai effrayée. Sans elle, je n'aurais pas connu la noblesse, la fierté de votre caractère, et, par conséquent, nous y avons gagné tous deux. La pierre de touche peut seule faire connaître le bon or. Adieu ; nous nous reverrons, et nous aurons une autre conférence.

Il sortit de la chambre, et descendit l'escalier, laissant Rebecca peut-être moins épouvantée de l'idée de mort à laquelle elle s'était courageusement vouée, que de l'ambition effrénée et de l'impiété sacrilège du brigand audacieux sous le pouvoir duquel elle se trouvait malheureusement placée. Dès qu'il fut parti, son premier soin fut de rendre grace au Dieu de Jacob de la protection qu'il lui avait accordée, et de le supplier de continuer à la répandre sur elle et sur son père. Un autre nom se glissa dans sa prière fervente, ce fut celui du jeune chrétien blessé que son mauvais destin avait jeté entre les mains d'hommes altérés de sang, ses ennemis déclarés. Son cœur lui reprocha pourtant de conserver, même en s'adressant à Dieu, le souvenir d'un homme dont le destin ne pouvait avoir aucune liaison avec le sien; d'un Nazaréen, d'un ennemi de sa foi. Mais ses vœux étaient déjà adressés au ciel, et tous les préjugés de sa secte ne purent avoir assez de pouvoir sur elle pour l'en faire repentir.

CHAPITRE XXV.

« Quel griffonnage diabolique ! jamais je n'en ai vu un semblable ! »

GOLDSMITH. *Elle s'abaisse, mais c'est pour vaincre.*

De Bracy était déjà dans la grande salle du château quand le templier y entra. — Je présume, lui dit-il, que le son importun du cor a troublé votre entretien amoureux comme le mien. Mais vous paraissez l'avoir quitté à regret, puisque vous arrivez plus tard, et j'en conclus que votre entrevue s'est passée plus agréablement que la mienne.

—Vous n'avez donc pas été favorablement accueilli par l'héritière saxonne ?

—Par les reliques de saint Thomas Becket, il faut que lady Rowena ait entendu dire que je ne puis soutenir la vue d'une femme en pleurs.

—Fi donc! le chef d'une compagnie franche s'inquiéter des pleurs d'une femme! Quelques gouttes d'eau tombées sur la torche de l'Amour ne font qu'en rendre la flamme plus vive.

—Passe pour quelques gouttes, mais cette demoiselle en a versé de quoi éteindre un brasier. Jamais on n'a vu tant se tordre les bras et répandre un tel déluge de larmes depuis celles de sainte Niobé, dont le prieur Aymer nous parlait il y a quelque temps (1). La belle Saxonne est possédée d'un démon aquatique.

—Et la juive était possédée d'une légion de diables : car un seul diable, fût-ce Apollon lui-même, ne pourrait lui avoir inspiré une fierté si indomptable, une résolution si opiniâtre. Mais où est Front-de-Bœuf? Voilà le cor qui sonne de plus en plus fort.

—Il est sans doute à négocier avec le juif, je suppose, répondit Bracy froidement; et les hauts cris d'Isaac auront étouffé le bruit du cor. Vous pouvez savoir, par expérience, qu'un juif à qui l'on demande une rançon telle qu'en exigera sans doute notre ami Front-de-Bœuf, pousse des hurlemens grace auxquels vingt cors et autant de trompettes ne pourraient se faire entendre. Mais nous allons le faire appeler par un vassal.

Ils furent bientôt joints par Front-de-Bœuf, qui avait été troublé dans la scène de sa cruauté tyrannique, comme les lecteurs l'ont déjà vu, et qui s'était arrêté quelques instans pour donner quelques ordres.

—Voyons quelle est la cause de cette maudite inter-

---

(1) Le prieur aurait bien dû leur dire aussi dans quel temps Niobé fut canonisée. Ce fut sans doute à l'époque où

« Moïse à Pan emprunta ses pipeaux. » — L. T.

ruption, dit-il avec humeur. Voici une lettre qu'un messager vient d'apporter; et, si je ne me trompe, elle est écrite en saxon.

Il la regardait en la tournant dans tous les sens, comme s'il eût espéré pouvoir en deviner le contenu en changeant la position du papier. Enfin il la remit à De Bracy.

— C'est du grimoire pour moi, dit De Bracy, qui possédait sa bonne part de l'ignorance presque générale de tous les nobles de ce siècle. Le chapelain de mon père avait voulu m'apprendre à écrire; mais, voyant qu'au lieu de former des lettres je crayonnais des fers de lance et des lames d'épées, le vieux tonsuré y renonça.

— Donnez-moi cette lettre, dit Bois-Guilbert: nous autres templiers, nous sommes un peu clercs, et nous joignons quelques connaissances à la valeur.

— Faites-nous donc profiter du savoir de Votre Révérence, dit Bracy.... Eh bien! que chante ce papier?

— C'est un défi formel, un cartel véritable, répondit le templier; mais, par Notre-Dame de Bethléem, c'est le cartel le plus extraordinaire qui ait jamais passé sur le pont-levis du château d'un baron, à moins que ce ne soit une folle plaisanterie.

— Une plaisanterie! s'écria Front-de-Bœuf. Je voudrais bien savoir qui oserait se hasarder à plaisanter avec moi en pareille matière!.... Lisez, sire templier.

Bois-Guilbert lut ce qui suit:

« Moi Wamba, fils de Witless, fou de noble et libre homme Cedric de Rotherwood, dit le Saxon, et moi, Gurth, fils de Beowulph, gardien des pourceaux.... »

— Êtes-vous fou? s'écria Front-de-Bœuf interrompant le lecteur.

— Par saint Luc, je lis ce qui est écrit, répondit le templier; et il reprit sa lecture ainsi qu'il suit :

« Et moi, Gurth, fils de Beowulph, gardien des pourceaux dudit Cedric, avec l'aide de nos alliés et confédérés, qui font cause commune avec nous dans cette querelle, et notamment du brave chevalier nommé, quant à présent, le *Noir-Fainéant*, faisons savoir à vous, Reginald Front-de-Bœuf, et à vos alliés et complices, quels qu'ils puissent être, qu'attendu que, sans aucune déclaration d'hostilités, et sans en avoir fait connaître la cause, vous vous êtes, illégalement et par force, emparés de la personne de notre seigneur et maître ledit Cedric, comme aussi de la personne de noble et libre damoiselle lady Rowena d'Hargottstand-Stede, et de celle de noble et libre homme Athelstane de Coningsburgh; et enfin des personnes de certains hommes libres, leurs *cnichts* (1), comme aussi de certains serfs, leurs esclaves nés; et de plus d'un certain juif nommé Isaac d'York, de sa fille, et d'un inconnu blessé, transporté dans une litière, et de chevaux, mules et bagages leur appartenans; lesquels nobles et libres hommes, noble dame, *cnichts*, serfs, juif et juive et inconnu susdits, étaient en paix avec Sa Majesté, et voyageaient sur le grand chemin du roi; nous demandons et requérons que lesdites nobles personnes, c'est-à-dire Cedric de Rotherwood, Rowena d'Hargottstand-Stede, et Athelstane de Coningsburgh, leurs *cnichts* et serfs, lesdits juif, juive et inconnu, avec les mules, chevaux, bagages et litière appartenans à chacun des dénommés ci-dessus, nous soient remis dans l'heure qui suivra la réception des présentes, ou à ceux que nous

---

(1) Gardes. Voy. sur ce mot la note du premier volume. — Éd.

chargerons de les recevoir, sans qu'il leur ait été fait tort ni injure dans leurs personnes ou leurs biens. Faute de quoi, nous déclarons que nous vous tenons pour traîtres et brigands, et que nous travaillerons de cœur et de corps, par combat, siège ou autrement, à votre destruction. Sur quoi nous prions Dieu qu'il vous ait en sa sainte garde.

« Signé par nous, la veille de la fête de saint Withold, sous le grand chêne d'Hart-Hill-Walk, les présentes étant écrites par le révérend frère en Dieu, serviteur de Notre-Dame et de saint Dunstan, l'ermite de Copmanhurst. »

Au bas de cette pièce on voyait une tête de coq et sa crête grossièrement dessinées, avec une note indiquant que c'était le seing de Wamba, fils de Witless. Sous cet emblème respectable était une croix, désignée comme la signature de Gurth, fils de Beowulph. On lisait ensuite, en caractères hardis, quoique assez mal tracés, ces mots: *le Noir-Fainéant.* Enfin, une flèche assez bien dessinée était le sceau de Locksley.

Les deux chevaliers entendirent d'un bout à l'autre la lecture de cette pièce extraordinaire, et se regardèrent d'un air d'étonnement, comme ne pouvant deviner ce qu'elle signifiait. De Bracy fut le premier qui rompit le silence par un grand éclat de rire, et le templier l'imita, quoique avec plus de modération. Front-de-Bœuf fut le seul qui conserva son sérieux, et il parut même impatient de l'accès de gaieté déplacé de ses amis.

— Je vous dirai franchement, chevaliers, leur dit-il, que vous feriez mieux de songer à ce qu'il y a à faire en pareille circonstance, que de rire si mal à propos.

— Front-de-Bœuf est encore étourdi de sa chute à

Ashby, dit gaiement De Bracy : un cartel le rend sérieux, même quand celui qui l'envoie n'est qu'un gardien de pourceaux.

— Par saint Michel, De Bracy, répondit Front-de-Bœuf, je voudrais que cette aventure ne concernât que vous. Ces drôles n'auraient pas agi avec une impudence si inconcevable, s'ils ne se sentaient soutenus par quelques forces. Il ne manque pas d'outlaws dans nos bois, et je sais qu'ils ne désirent rien tant que de pouvoir se venger de la protection que j'accorde au gibier. J'avais seulement fait attacher un de ces coquins, pris en flagrant délit, aux cornes d'un serf sauvage, qui le mit à mort en cinq minutes, et l'on m'a pour cela lancé plus de flèches qu'on n'en a décoché contre le bouclier qui servait de but aux archers à Ashby. — Eh bien ! dit-il à un écuyer qui entrait en ce moment, avez-vous envoyé quelqu'un pour voir quels sont ceux qui soutiendront ce curieux cartel ?

— Autant qu'on peut en juger, répondit l'écuyer, ils sont au moins deux cents hommes rassemblés dans le bois en face du château.

— Fort bien ! dit Front-de-Bœuf : voilà, chevaliers, à quoi m'a exposé la complaisance avec laquelle j'ai consenti à vous prêter mon château. Vous avez conduit vos affaires si prudemment, que vous avez rassemblé autour de mes oreilles ce nid de frelons.

— Dites plutôt tous les bourdons, dit De Bracy : une bande de lâches et de paresseux qui, au lieu de gagner leur vie par un travail quelconque, vivent dans les bois aux dépens des daims qu'ils tuent et des passans qu'ils détroussent ! Ce sont de vrais bourdons, vous dis-je : ils n'ont pas d'aiguillons.

— Pas d'aiguillons! reprit Front-de-Bœuf : et comment appelez-vous donc ces flèches de trois pieds de longueur qui sont toujours sûres d'atteindre le but, ne fût-il que d'une demi-couronne?

— Fi donc, sire chevalier! dit le templier : rassemblons tous nos gens, et faisons une sortie. Un chevalier, un seul homme d'armes est suffisant pour mettre en fuite une vingtaine de ces paysans.

— Plus que suffisant, ajouta De Bracy : seulement je serai honteux de lever la lance contre une telle canaille.

— Vous auriez raison s'il s'agissait de Turcs ou de Maures, sire templier, ou de paysans français, vaillant De Bracy. Mais ces gens sont des yeomen anglais, et nous n'aurons sur eux d'autre avantage que celui que nous donnent nos armes et nos chevaux; ce qui ne nous sera pas d'une grande utilité, s'ils se tiennent dans les bois. Vous parlez de faire une sortie! à peine avons-nous le nombre d'hommes nécessaire pour la défense du château. Mes meilleurs hommes d'armes sont à York, ainsi que votre compagnie, Bracy; il ne m'en reste qu'une vingtaine, à qui il faut ajouter ceux qui vous accompagnaient dans cette folle affaire.

— J'espère, dit le templier, que vous ne craignez pas qu'ils se réunissent en nombre suffisant pour prendre le château de vive force?

— Non, sans doute. Je sais que ces outlaws ont un chef entreprenant; mais, comme ils n'ont ni machines de guerre, ni échelles pour monter à l'assaut, ni expérience dans l'art militaire, mon château peut braver tous leurs efforts.

— Envoyez un messager à vos voisins, et faites-leur dire d'armer leurs gens pour venir au secours de trois chevaliers, assiégés dans le château baronial de sir Reginald Front-de-Bœuf par un fou et un gardien de pourceaux.

— La plaisanterie n'est pas de saison, sire templier. A qui voulez-vous que je m'adresse? Malvoisin est à York avec tous ses vassaux; il en est de même de mes autres alliés, et j'y serais aussi sans votre infernale entreprise.

— Eh bien! dit De Bracy, il faut envoyer à York, et en faire revenir nos gens. S'ils attendent que mon étendard soit déployé, ou l'approche de ma compagnie franche, je les tiens pour les plus hardis outlaws qui aient jamais tiré de l'arc dans les bois.

— Et qui sera le porteur de ce message? demanda Front-de-Bœuf. Il sera intercepté, car ces coquins vont s'emparer de tous les sentiers. J'imagine un moyen, ajouta-t-il après un instant de réflexion. Sire templier, vous savez sans doute écrire aussi bien que lire; et si nous pouvons trouver l'écritoire de mon chapelain, qui est mort au milieu de ses libations, les dernières fêtes de Noël....

— Je crois, dit l'écuyer, qui était resté au bout de la salle, que la vieille Barbara l'a conservée comme souvenir du saint homme. Je lui ai entendu dire qu'il était le dernier qui lui eût adressé une de ces choses que les hommes doivent, par courtoisie, adresser aux matrones comme aux filles.

— Cours donc le chercher, lui dit son maître; et alors, sire templier, vous ferez une réponse à ce cartel audacieux.

— J'y répondrais plus volontiers avec la pointe d'une lance qu'avec celle d'une plume; mais je ferai ce qu'il vous plaira.

Dès qu'on eut tout ce qu'il fallait pour écrire, Bois-Guilbert s'assit devant une table, et Front-de-Bœuf lui dicta en français ce qui suit :

« Sir Reginald Front-de-Bœuf et les nobles chevaliers ses alliés et confédérés ne reçoivent point de défi de la part d'esclaves, de serfs et de proscrits. Si l'homme qui prend le nom de *Noir-Fainéant* a véritablement droit aux honneurs de la chevalerie, il doit savoir qu'il se dégrade par la compagnie dans laquelle il se trouve, et qu'il n'a aucun compte à demander à des chevaliers de noble race. Quant aux prisonniers que nous avons faits, nous invitons, par charité chrétienne, à leur envoyer un prêtre, si vous pouvez en trouver un, afin de recevoir leur confession et de les réconcilier avec Dieu; notre intention bien déterminée étant de les faire décapiter aujourd'hui même; et leurs têtes, placées sur nos murailles, prouveront combien nous faisons peu de cas de ceux qui ont embrassé leur défense. Le seul service que vous puissiez leur rendre est, comme nous venons de le dire, de leur envoyer un prêtre pour les assister dans leurs derniers momens. »

Cette lettre, après avoir été pliée, fut donnée à l'écuyer pour la transmettre au messager qui avait apporté le cartel, et qui attendait une réponse.

Ayant ainsi accompli sa mission, ce messager retourna au quartier général des troupes alliées, qui était établi sous un chêne vénérable, à la distance d'environ trois portées de flèche du château. Là Wamba et Gurth, avec leurs alliés le chevalier Noir, Locksley et le joyeux ermite, attendaient avec impatience une réponse à leur sommation. Autour d'eux, à quelque distance, on voyait un grand nombre d'yeomen, dont le costume et l'air audacieux annonçaient la profession habituelle : plus de deux cents étaient déjà réunis, et il en arrivait d'autres. Ceux qu'ils reconnaissaient pour chefs n'étaient distingués du reste de la troupe que par une plume attachée à leur bonnet ; mais leurs vêtemens, leurs armes, etc., étaient absolument semblables.

Une troupe, mais moins bien armée et moins disciplinée, se rassemblait aussi dans le même lieu. La nouvelle de l'emprisonnement de Cedric s'était déjà répandue, et ses serviteurs et ses serfs, accompagnés d'un grand nombre de paysans des villages voisins, étaient accourus pour coopérer à sa délivrance. La plupart n'avaient d'autres armes que des faux, des fléaux et des fers de charrue, et autres instrumens de labourage ; car les Normands avaient adopté la politique jalouse des conquérans, et ne permettaient guère aux Saxons de conserver ou de porter des armes. Cette dernière troupe n'était donc pas très-redoutable en elle-même pour les assiégés, mais elle augmentait la force apparente des assiégeans en ajoutant à leur nombre, et inspirait le zèle dont elle était animée pour une cause si juste.

Ce fut au chef de cette armée mélangée que la lettre du templier fut remise, et on la présenta d'abord à l'ermite, pour qu'il en fît la lecture.

— Par la houlette de saint Dunstan, dit le digne anachorète, par cette houlette qui a ramené dans le bercail plus de brebis égarées qu'aucun autre saint n'en a jamais fait entrer dans le paradis, je ne comprends rien à ce grimoire, et je ne puis même vous dire si c'est du français ou de l'arabe.

Il rendit la lettre à Gurth, qui secoua la tête et la

passa à Wamba. Celui-ci la parcourut des yeux en faisant des grimaces, comme un singe qui imite ce qu'il a vu faire, et en feignant de comprendre ce qu'il avait sous les yeux. Faisant ensuite une pirouette, il donna le papier à Locksley.

— Si les grandes lettres étaient des arcs, et les petites des flèches, dit le brave archer, j'en pourrais faire quelque chose; mais il m'est aussi impossible de comprendre cet écrit que de percer le daim qui est à douze milles d'ici.

— C'est donc moi qui vous servirai de clerc, dit le chevalier Noir; et, prenant la lettre des mains de Locksley, il la lut d'abord, et leur en expliqua ensuite le contenu en saxon.

— Décapiter le noble Cedric! s'écria Wamba. Par la sainte croix, sire chevalier, êtes-vous bien sûr que vous ne vous trompez pas?

— Non, mon digne ami, répondit le chevalier, je vous ai traduit fidèlement ce que contient cette lettre.

— Par saint Thomas de Cantorbéry, s'écria Gurth, il faut donc nous emparer du château, dussions-nous en arracher chaque pierre avec les mains.

— Je crains, dit Wamba, que les miennes ne soient pas très-propres à ce travail; à peine si je pourrais délayer du mortier pour construire une muraille avec les pierres que vous arracherez.

— Ce n'est qu'un stratagème pour gagner du temps, dit Locksley; ils n'oseraient commettre un crime dont je tirerais une vengeance terrible.

— Je voudrais, dit le chevalier Noir, que quelqu'un de nous pût s'introduire dans le château pour reconnaître le nombre et les dispositions des assiégés. Il me semble que, puisqu'ils demandent qu'on leur envoie un prêtre, ce serait pour ce saint ermite une occasion d'exercer son pieux ministère et d'obtenir les renseignemens dont nous avons besoin.

— Que la peste t'étouffe, toi et ton avis! s'écria le bon ermite. Je vous dis, sire chevalier Fainéant, que lorsque je quitte mon froc d'ermite, je laisse avec lui mon latin et ma sainteté; et que, quand j'ai endossé ma casaque verte, j'aimerais mieux tuer dix daims que de confesser un chrétien.

— Je crains bien, dit le chevalier Noir, qu'il n'y ait parmi nous personne qui soit en état de se charger du rôle de prêtre.

Tous se regardèrent en silence.

— Je vois, dit Wamba, que le fou doit toujours être fou, et qu'il faut qu'il risque son cou dans une aventure qui fait peur aux sages. Sachez donc, mes chers cousins, que j'ai porté la robe noire avant le bonnet à sonnettes, et que j'aurais été moine si je ne m'étais trouvé assez d'esprit pour être fou. J'espère donc qu'à l'aide du froc et du capuchon du digne ermite, et par la vertu de la science et de la sainteté qui doivent y être attachées, je me trouverai en état de porter des consolations spirituelles et terrestres à notre digne maître Cedric, et à ses compagnons d'infortune.

— Crois-tu qu'il ait assez de bon sens pour bien jouer ce rôle? demanda le chevalier Noir à Gurth.

— Je n'en sais rien, répondit Gurth; mais s'il ne réussit pas, ce sera la première fois qu'il n'aura pas tiré bon parti de sa folie.

— Endosse donc le froc, mon brave garçon, dit le chevalier Noir, et que ton maître nous rende compte de la situation du château. Ses défenseurs doivent être en petit nombre, et il y a cinq à parier contre un, qu'une attaque brusque et vigoureuse nous en rendrait maîtres. Mais le temps presse, pars.

— Et en attendant, dit Locksley, nous serrerons la place de si près, que pas une mouche n'en sortira pour porter des nouvelles. Ainsi, mon cher ami, tu peux assurer ces tyrans qu'ils paieront bien cher la moindre violence exercée contre leurs prisonniers.

— *Pax vobiscum*, dit Wamba qui était revêtu de son déguisement.

A ces mots, il prit la démarche imposante et solennelle d'un prieur de couvent, et partit pour exécuter sa mission.

CHAPITRE XXVI.

―――

> « Quelquefois il faut exciter
> » Fringant coursier d'élite,
> » Quelquefois il faut arrêter
> » Rosse qui va trop vite :
> » Le fou de même aussi parfois,
> » Changeant de caractère,
> » Emprunte du moine la voix,
> » L'habit et le rosaire. »
>
> *Ancienne ballade.*

Lorsque Wamba, couvert du froc et du capuchon de l'ermite, et ayant une corde pour ceinture, se présenta devant la porte du château de Front-de-Bœuf, la sentinelle lui demanda quel était son nom, et ce qu'il désirait.

— *Pax vobiscum*, répondit le fou. Je suis un pauvre frère de l'ordre de Saint-François, et je viens ici pour remplir les devoirs de mon ministère l'égard de certains pauvres prisonniers détenus dans ce château.

— Tu es un frère bien hardi, lui dit la sentinelle, de te présenter dans un lieu où pas un coq de ton plumage n'a chanté depuis vingt ans, à l'exception de notre ivrogne de chapelain qui est mort il y a déjà quelques mois.

— Va pourtant dire à ton maître que je suis arrivé, répondit le moine prétendu, je te garantis qu'il donnera ordre qu'on me reçoive, et le coq chantera de manière à se faire entendre de tout le château.

— Fort bien ; mais si mon maître me reproche d'avoir quitté mon poste pour m'acquitter de ton message, je te promets que je verrai si le froc d'un moine est à l'épreuve d'une bonne flèche.

Après lui avoir fait cette menace, le soldat courut annoncer à Front-de-Bœuf la nouvelle extraordinaire qu'un moine était devant la porte du château, et demandait à y entrer. A son grand étonnement, il reçut ordre de l'y introduire sur-le-champ ; et s'étant fait accompagner de quelques gardes, de crainte de surprise, il se hâta d'obéir.

Presque tout le courage qui avait déterminé Wamba à ce coup de tête s'évanouit lorsqu'il se trouva en présence d'un homme aussi redoutable et aussi redouté que Reginald Front-de-Bœuf; et il prononça son *pax vobiscum*, sur lequel il comptait beaucoup pour jouer convenablement son rôle, d'un ton beaucoup moins assuré qu'il ne l'avait fait jusqu'alors. Mais Front-de-Bœuf était accoutumé à voir trembler devant lui les hommes de tous les rangs, de sorte que la timidité de Wamba ne lui fit concevoir aucun soupçon.

— Qui es-tu, et d'où viens-tu, père? lui demanda-t-il.

— *Pax vobiscum*, répéta Wamba; je suis un pauvre serviteur de saint François, et en traversant ces bois je suis tombé entre les mains des brigands, *quidam viator incidit in latrones*, dit l'Écriture, lesquels brigands m'ont ordonné de me rendre en ce château, et d'y remplir les devoirs de mon ministère auprès de deux personnes condamnées par votre honorable justice.

— Fort bien, et peux-tu me dire quel est le nombre de ces bandits?

— Vaillant chevalier, *nomen illis legio*, leur nom est légion.

—Prêtre, dis-moi clairement quel est le nombre de ces bandits, ou ton froc et ton cordon ne te sauveront pas de ma colère.

— Hélas! *eructavit cor meum*, c'est-à-dire que mon cœur était gonflé de crainte en me trouvant au milieu d'eux; mais je crois que tant yeomen que paysans, ils peuvent bien être cinq cents.

— Quoi! s'écria le templier, qui entrait en ce moment, les guêpes se rassemblent-elles ici en si grand nombre? Il est temps d'exterminer cette race malfaisante.

Prenant alors Front-de-Bœuf à part : — Connaissez-vous ce moine? lui demanda-t-il.

—Non, répondit Front-de-Bœuf: il est d'un couvent éloigné. Je ne l'ai jamais vu.

— En ce cas, il ne faut pas lui confier notre message de vive voix. Qu'il porte à la compagnie franche de Bracy un ordre par écrit, de venir ici sur-le-champ au secours de son commandant. En attendant, et pour que ce tondu ne soupçonne rien, qu'il fasse son métier, et qu'il aille préparer à la mort ces pourceaux saxons.

Front-de-Bœuf appela un domestique, et le chargea de conduire Wamba dans l'appartement où Cedric et Athelstane étaient enfermés.

La détention de Cedric n'avait fait qu'irriter son impatience. Il marchait à grands pas, d'un bout de la chambre à l'autre, comme s'il se fût agi de charger l'ennemi ou de monter à l'assaut sur la brèche, tantôt se parlant à lui-même, tantôt adressant la parole à Athelstane, qui attendait avec une gravité stoïque l'issue de cette aventure, digérant tranquillement le dîner qu'il avait fait à midi, et ne s'inquiétant pas beaucoup de la durée de sa captivité, qui, pensait-il, finirait, comme tous les maux de ce monde, quand il plairait au ciel.

— *Pax vobiscum*, dit Wamba en entrant, et en déguisant sa voix ; que la bénédiction de saint Dunstan, de saint Denis, de saint Duthoc, et de tous les saints du paradis, descende sur vos têtes !

— *Salvete et vos*, répondit Cedric. Dans quel dessein venez-vous ici, mon père ?

— Pour vous exhorter à vous préparer à la mort, dit Wamba.

— A la mort ! s'écria Cedric : cela est impossible. Quelque audacieux, quelque scélérats qu'ils soient, ils n'oseraient commettre une barbarie si notoire et si gratuite.

— Hélas ! dit Wamba, compter sur leur humanité, c'est vouloir brider un cheval fougueux avec un fil de soie. Songez donc, noble Cedric, et vous aussi, valeureux Athelstane, aux péchés que vous avez commis ; car aujourd'hui même, vous allez comparaître devant le tribunal du Très-Haut.

— L'entendez-vous, Athelstane ? dit Cedric : élevons nos cœurs vers le ciel, et préparons-nous au dernier acte de notre vie. Il vaut mieux mourir en hommes que vivre en esclaves.

— Je suis prêt, répondit Athelstane, à subir tout ce qu'il plaira à leur scélératesse d'ordonner. Je marcherai à la mort avec le même calme que s'il s'agissait d'aller dîner.

— Eh bien, saint prêtre, dit Cedric, préparez-nous à ce passage d'une vie à l'autre.

— Un moment, un moment, notre oncle, dit le bouffon en reprenant son ton de voix naturel. On peut y regarder à deux fois avant de faire le saut périlleux.

— Sur mon ame, dit Cedric, je connais cette voix.

— C'est celle de votre fidèle esclave, de votre fou, dit Wamba en relevant son capuchon; si vous aviez suivi le conseil d'un fou, vous ne vous trouveriez pas dans cet embarras; mais si vous voulez le suivre à présent, vous n'y resterez pas long-temps.

— Que veux-tu dire? demanda Cedric.

— Qu'en prenant cette corde, ce froc et ce capuchon, qui sont tout ce que j'ai des ordres saints, vous sortirez aisément du château, en me laissant votre ceinture et votre manteau pour faire le grand voyage à votre place.

— Te laisser en ma place! s'écria Cedric étonné de cette proposition : mais ils te feraient pendre, mon pauvre fou!

— Qu'ils fassent ce qu'ils pourront! j'espère que ce ne sera pas un déshonneur pour vous. Je me flatte que le fils de Witless peut se laisser pendre au bout d'une chaîne avec autant de gravité qu'en avait son bisaïeul l'alderman, en attachant la sienne (1) à son cou.

— Hé bien, Wamba, j'accepte ta proposition à une condition, c'est que tu feras cet échange de vêtemens avec le noble Athelstane, et non avec moi.

— Non, de par saint Dunstan ; il n'y aurait pas de raison à cela. Il est juste que le fils de Witless se sacrifie pour sauver le fils d'Hereward ; mais il n'est pas encore assez fou pour vouloir mourir pour un homme dont les ancêtres n'étaient rien pour les siens.

— Malheureux ! s'écria Cedric : les ancêtres d'Athelstane étaient monarques d'Angleterre.

— Cela est possible, mais ma tête est trop droite sur mes épaules pour que je veuille risquer de la faire mettre de travers pour l'amour d'eux. Ainsi, mon bon maître, acceptez ma proposition pour vous-même, ou trouvez bon que je sorte de cette prison aussi librement que j'y suis entré.

— Laisse périr le vieil arbre, dit Cedric, et sauve le jeune chêne qui fait l'espoir de la forêt. Sauve le noble Athelstane, mon digne Wamba ! c'est le devoir de quiconque a du sang saxon dans les veines. Toi et moi nous assouvirons la rage de nos infames oppresseurs, tandis que, libre et en sûreté, il appellera à la vengeance nos concitoyens indignés.

— Non, mon bon père ; non, s'écria Athelstane en lui prenant la main ; car lorsque quelque circonstance le faisait sortir de son apathie habituelle, il avait des sentimens dignes de sa haute naissance ; non, j'aimerais mieux rester détenu une semaine entière dans cette

---

(1) C'est-à-dire la chaîne officielle, emblême de sa dignité. — D.

chambre, sans autre nourriture que le pain noir et l'eau des prisonniers, que d'acquérir ma liberté aux dépens d'un serf fidèle qui ne veut se sacrifier que pour son maître.

— Écoutez-moi, notre oncle, et vous notre cousin Athelstane. On dit que vous êtes des hommes sages, et que je ne suis qu'un fou, mais c'est le fou qui décidera de cette affaire, et qui vous épargnera la peine de vous faire des politesses l'un à l'autre. Je suis comme la jument de John Duck, qui ne se laisse monter que par John Duck. Je suis venu pour sauver mon maître; s'il ne veut pas y consentir, soit: je m'en irai comme je suis venu. Un service qu'on veut rendre ne se renvoie pas de l'un à l'autre comme un volant ou comme un ballon. Je ne veux être pendu pour homme qui vive, si ce n'est pour celui qui est né mon maître.

— Consentez-y, noble Cedric, dit Athelstane: ne perdez pas cette occasion. Votre présence encouragera nos amis à tout tenter pour nous sauver, au lieu que si vous demeurez ici il ne nous reste aucune ressource.

— Et y a-t-il au dehors quelque apparence de secours prochain? dit Cedric regardant Wamba.

— Apparence! répéta celui-ci: sachez qu'en vous faisant endosser ce froc je vous donne un habit de général. Cinq cents hommes sont à deux pas, et j'étais ce matin un de leurs principaux chefs. Mon bonnet de fou était un casque, et ma marotte un bâton de commandement. Nous verrons s'ils gagneront au change en ayant un homme sage au lieu d'un fou. A dire vrai, je crains qu'ils ne perdent en valeur ce qu'ils gagneront en prudence. Adieu, mon maître, soyez indulgent pour le pauvre Gurth et pour son chien Fangs, et faites suspendre mon bonnet de fou dans la grande salle de Rotherwood, en mémoire de ce que je donne ma vie pour mon maître, en fou fidèle.

Il prononça ces derniers mots d'un ton moitié badin, moitié sérieux, qui tira des larmes des yeux de Cedric.

— Ta mémoire sera conservée, dit-il, tant que l'affection et la fidélité seront honorées sur la terre; mais j'espère que je trouverai le moyen de sauver le noble Athelstane, ma chère Rowena, et toi aussi, mon pauvre Wamba, car ne crois pas que ton maître puisse t'oublier.

Cedric avait pendant ce temps-là changé de vêtemens, lorsqu'une pensée lui vint tout à coup.

— Je ne connais d'autre langue que la mienne, dit-il, sauf quelques mots de leur maudit normand. Comment pourrai-je me faire passer pour un frère?

— Rien n'est plus facile, répondit Wamba. *Pax vobiscum* est un talisman qui vient à bout de tout. Allez ou venez, buvez ou mangez, bénissez ou excommuniez, ces mots servent en toute occasion. Ils sont aussi utiles à un moine qu'une baguette à un magicien, et qu'un manche à balai à une sorcière. Prononcez-les seulement d'un ton grave et solennel, *pax vobiscum!* chevaliers, écuyers, cavaliers, fantassins, tous éprouveront l'effet d'un charme. Je crois que si l'on me conduit demain à la potence, comme cela est possible, j'essaierai son efficacité sur celui qui sera chargé d'accomplir la sentence.

— Si cela est ainsi, dit Cedric, j'aurai bientôt pris mes ordres religieux. *Pax vobiscum.* Je ne l'oublierai point. Adieu, Athelstane, adieu, mon pauvre fou, dont le cœur vaut mieux que la tête; je vous sauverai, ou je reviendrai mourir avec vous. Le sang de nos rois saxons ne sera pas répandu, tant qu'une goutte du mien coulera dans mes veines; et pas un cheveu ne tombera de la tête de ce fidèle serf, qui a tout risqué pour son maître, tant que Cedric pourra l'empêcher, n'importe au prix de quel péril! — Adieu.

— Adieu, noble Cedric, dit Athelstane: songez que, pour bien jouer le rôle d'un religieux, il faut accepter les rafraîchissemens qu'on pourra vous offrir.

— Adieu, notre oncle, ajouta Wamba, songez à ne pas oublier *Pax vobiscum*.

Armé de ce double avis, Cedric quitta ses deux compagnons, et il ne fut pas long-temps sans avoir besoin d'éprouver la vertu du talisman que son fou lui avait recommandé comme tout-puissant. Dans un passage bas, étroit et ténébreux, qui lui paraissait devoir conduire à la grande salle, il rencontra une jeune femme.

— *Pax vobiscum*, lui dit-il en se rangeant du côté de la muraille pour la laisser passer.

La jeune femme s'arrêta, et lui répondit d'une voix douce: — *Et vobis quæso, domine reverendissime, pro misericordiâ vestrâ*.

Je suis un peu sourd, répliqua Cedric en bon saxon: et se rappelant aussitôt qu'il venait de parler un idiome suspect: — Au diable le fou et son talisman, dit-il en lui-même; j'ai brisé ma lance à la première passe.

Il n'était pas très-extraordinaire, à cette époque, qu'un prêtre fût « sourd de son oreille latine, » et c'est ce que savait fort bien la personne qui parlait à Cedric.

— Par charité, révérend père, lui dit-elle en saxon, daignez venir donner quelques consolations spirituelles à un prisonnier blessé qui est dans ce château. Accordez-lui cette compassion, que réclame de vous votre saint ministère : jamais bonne action n'aura été plus utile à votre couvent.

— Ma fille, répondit Cedric fort embarrassé, le temps qu'il m'était permis de passer dans ce château est déjà expiré. Il faut que j'en sorte sur-le-champ, que j'en sorte pour une affaire où il s'agit de la vie et de la mort.

— Ne me refusez pas, mon père; je vous conjure, au nom des vœux que vous avez faits, de ne pas laisser mourir sans secours spirituels un homme opprimé, un homme en danger.

— Que le démon m'emporte et me laisse dans Ifrin avec les ames d'Odin et de Thor! s'écria Cedric; et il allait continuer à exhaler sa colère en termes peu convenables à l'habit dont il était revêtu, quand la conversation fut interrompue par la voix aiguë d'Urfried, la vieille habitante de la tour.

— Comment, mignonne, disait-elle, est-ce ainsi que vous êtes reconnaissante de la bonté que j'ai eue de vous tirer de la prison où vous étiez? Vous forcez le respectable père à se mettre en colère pour se débarrasser des importunités d'une juive.

— Une juive! s'écria Cedric, voulant profiter de cette circonstance pour se tirer d'affaire : laissez-moi passer, femme, ne me touchez point; votre présence suffit pour me souiller.

— Venez par ici, mon père, dit la vieille; vous ne connaissez pas le château; je vous servirai de guide. Venez par ici, car j'ai à vous parler. Quant à vous, fille d'une race maudite, retournez dans la chambre du blessé, restez-y jusqu'à ce que j'y revienne, et malheur à vous si vous la quittez encore sans ma permission.

Rebecca se retira. Ses importunités avaient obtenu

d'Urfried la permission de sortir de la tour, et Urfried lui avait confié le soin d'Ivanhoe blessé, emploi qu'elle accepta volontiers. Prompte à saisir la moindre chance de salut qui se présentait, Rebecca avait espéré quelque chose du saint religieux dont Urfried lui avait appris l'arrivée dans ce château infernal. Elle avait donc épié l'instant de son retour, dans l'intention de l'intéresser en faveur des prisonniers. On vient de voir comment elle échoua dans ce projet.

CHAPITRE XXVII.

« Malheureuse, et que peux-tu dire
» Qui n'atteste ton crime affreux !
» Ton destin t'est connu, dis-moi donc quel délire
» Te force à de nouveaux aveux.....
» ....
» ....
» Une douleur bien plus amère,
» Des tourmens encor plus cruels
» Ont déchiré mon cœur de mère :
» Je n'attends plus rien des mortels !
» Mais pour adoucir ma souffrance,
» Ah ! daignez avec patience
» Écouter mon fatal récit.
» ....

CRABBE. *Le Palais de justice.*

Lorsque Urfried, à force de clameurs et de menaces, eut renvoyé Rebecca dans l'appartement qu'elle avait quitté, elle conduisit Cedric, qui la suivait à contre-cœur, dans une petite chambre dont elle ferma ensuite soigneusement la porte. Plaçant alors sur une table du vin et deux verres, elle le fit asseoir, et lui dit d'un ton qui semblait affirmer et non faire une question : —Tu es

Saxon, mon père ? Ne le nie pas, continua-t-elle en voyant que le prétendu moine hésitait à répondre ; les sons de ma langue naturelle sont doux à mon oreille, quoique je les entende bien rarement, si ce n'est quand ils sortent de la bouche de quelques malheureux serfs dégradés, sur qui ces fiers Normands rejettent les travaux les plus vils de ce château. Oui, tu es Saxon, père, et tu es un homme libre, si ce n'est en ce qui regarde je service de Dieu ; tes accens sont doux à mon oreille.

— Il ne vient donc jamais de prêtres saxons dans ce château ? dit Cedric : il me semble que leur devoir serait de consoler les enfans opprimés de leur pays.

— Il n'en vient point, ou, s'il en vient, ils aiment mieux prendre leur part des festins de nos conquérans que d'écouter les gémissemens de leurs compatriotes. C'est du moins ce qu'on en dit, car pour moi j'en sais bien peu de chose. Depuis plus de dix ans, je n'ai vu d'autre prêtre en ce château que l'indigne chapelain normand qui partageait les orgies nocturnes de Front-de-Bœuf, et qui est allé rendre compte de ses œuvres au tribunal d'en haut. Mais tu es un Saxon, un prêtre saxon ; et j'ai une demande à te faire.

— Je suis Saxon, j'en conviens, mais je suis indigne du nom de prêtre. Laissez-moi partir, je vous jure que je reviendrai, ou que je vous enverrai un de nos pères plus en état que moi d'entendre votre confession.

— Non, attends encore quelques instans : le froid de la mort aura peut-être glacé la langue qui te parle en ce moment ; et je ne voudrais pas descendre au tombeau comme j'ai vécu, en véritable brute. — Il faut que le vin me donne la force de commencer cet horrible récit.

A ces mots elle but du vin avec une effrayante avidité,

semblant craindre de laisser une goutte au fond de la coupe.

—Cette liqueur engourdit, dit-elle, mais ne réjouit pas le cœur; et elle remplit un autre gobelet qu'elle présenta à Cedric. Il faut que tu en fasses autant, mon père, ajouta-t-elle, si tu veux avoir assez de force pour entendre mes aveux.

Cedric aurait voulu se dispenser de lui faire raison; mais elle fit un signe d'impatience et de désespoir qui le détermina à céder; et, les deux coupes étant vides, Urfried parut satisfaite de sa complaisance, et continua en ces termes :

—Je ne suis pas née dans l'état misérable où tu me vois aujourd'hui. J'étais libre, de haute naissance, riche, heureuse, chérie, honorée; maintenant je suis esclave, avilie et dégradée. J'ai été le jouet des passions de mes maitres tant que j'ai eu de la beauté; quand elle s'est flétrie, je suis devenue l'objet de leur mépris, de leur dérision et de leur haine. Tu peux être surpris, mon père, que je haïsse le genre humain, et surtout la race qui a causé tous mes malheurs? La vieille décrépite et ridée dont la rage s'exhale devant toi en malédictions impuissantes peut-elle oublier qu'elle est fille du noble thane de Torquilstone, qui, en fronçant le sourcil, faisait trembler mille vassaux!

—Toi, la fille de Torquil Wolfganger? s'écria Cedric en se levant d'un air de surprise; toi, la fille de ce noble Saxon, de l'ami, du compagnon d'armes de mon père!

—De ton père! répéta Urfried : c'est donc Cedric le Saxon qui est devant mes yeux? car le noble Hereward de Rotherwood n'avait qu'un fils, dont le nom est bien connu parmi ses concitoyens; mais si tu es Cedric de Rotherwood, pourquoi cet habit religieux? as-tu aussi désespéré de sauver ta patrie? as-tu cherché dans l'ombre d'un cloître un abri contre la cruauté de nos oppresseurs?

— N'importe qui je suis, répondit Cedric; continue, malheureuse femme, ton récit plein d'horreurs et sans doute de crimes : car c'en est déjà un que de vivre pour le répéter.

— Oui, j'ai à te raconter des crimes, des crimes affreux, pour lesquels il n'est point de pardon à espérer, qui sont un poids insupportable sur ma conscience, et que tous les feux du purgatoire ne pourront expier. Oui, dans ce château, teint du sang noble et pur de mon père et de mes frères, avoir vécu pour assouvir et partager les plaisirs de leur meurtrier, être en même temps son esclave et la complice de ses désordres, c'était respirer le crime et la malédiction avec l'air pur du ciel.

— Malheureuse! s'écria Cedric, tandis que les amis de ton père, que tous les vrais Saxons versaient des larmes de sang sur sa mort déplorable, sur celle de tes frères, même sur la tienne, car on croyait qu'Ulrique avait partagé le sort de toute sa famille, tu vivais pour mériter notre haine et notre exécration; tu vivais près du lâche tyran qui avait massacré tout ce que tu devais avoir de plus cher, qui avait trempé ses mains dans le sang de l'enfance, de peur qu'il ne restât un seul rejeton mâle de l'illustre maison de Torquil Wolfganger! tu étais unie à lui par les liens d'un amour illégitime.

— Par des liens illégitimes sans doute, mais non par ceux de l'amour, dit la vieille. L'amour se trouverait plus aisément dans les régions infernales que sous ces voûtes sacrilèges; non, je n'ai pas du moins ce reproche à me faire. La haine contre Front-de-Bœuf et contre toute sa race était le seul sentiment qui m'animât, même dans les instans où mes sens paraissaient plongés dans l'ivresse d'une coupable volupté.

— Vous le haïssiez, dit Cedric, et il vivait! Ne se trouvait-il donc dans le château ni poignard, ni couteau, ni poinçon? étiez-vous assez attachée à l'existence pour préférer cette vie infame au risque de la perdre? en ce cas, vous êtes bien heureuse que le château d'un Normand garde ses secrets comme la tombe. Si j'avais pu seulement soupçonner que la fille de Torquil vécût ainsi avec le lâche assassin de toute sa famille, mon épée, l'épée du vrai Saxon l'aurait trouvée et percée jusque dans les bras de son corrupteur.

— Aurais-tu rendu cette justice au nom de Torquil? dit Ulrique, car nous ne l'appellerons plus Urfried, nom supposé qu'on lui donnait au château. Alors tu es bien le Saxon dont la renommée vante le saint patriotisme. Dans l'enceinte de ces murs maudits, où, comme tu viens de le dire, le crime se couvre d'un mystère impénétrable, quand j'entendais prononcer le nom de Cedric, toute coupable, toute dégradée que j'étais, je me réjouissais en pensant qu'il existait encore un homme qui pouvait devenir le vengeur de notre nation. Mais moi-même j'ai goûté quelques instans de vengeance. Plus d'une fois j'ai semé la discorde parmi nos ennemis ; plus d'une fois j'ai fait circuler la coupe traîtresse pour changer la salle des festins en une arène sanglante; mes yeux se sont repus de leurs blessures, mes oreilles ont joui de leurs gémissemens. Regarde-moi, Cedric, ne trouves-tu pas encore sur ce visage défiguré par le crime et les années quelques traits qui te rappellent le souvenir de Torquil?

IVANHOE. 159

—Ne me fais pas une pareille demande, Ulrique, répondit Cedric d'un ton mêlé de chagrin et d'horreur : telle est la ressemblance qu'on trouve entre celui qui n'est plus, et son cadavre qu'un démon a ranimé et tiré de son linceul.

—Soit, mais ces traits d'un esprit infernal étaient couverts d'un masque représentant ceux d'un ange de lumière, quand ils parvinrent à semer la haine entre Front-de-Bœuf et son fils Reginald. Les ténèbres de l'enfer devraient cacher ce qui s'ensuivit; mais la vengeance déchire le voile qui couvre un forfait capable de faire sortir les morts du tombeau. Depuis long-temps la discorde agitait ses torches sur la tête d'un père tyran, et sur celle d'un fils non moins barbare; depuis long-temps je nourrissais en secret une haine contre nature; elle éclata enfin au milieu d'un repas nocturne, et à sa propre table mon oppresseur succomba sous les coups de son fils. Tels sont les secrets cachés sous ces voûtes. Écroulez-vous, murs qui nous entourez, s'écria-t-elle en roulant de tous côtés des yeux égarés, et ensevelissez sous vos ruines tous ceux qui furent initiés dans cet affreux mystère.

—Et quel fut ton sort, fille du crime et du désespoir, après la mort de ton ravisseur?

—Devine-le, mais ne me le demande pas. Je continuai à vivre ici dans l'opprobre, jusqu'à ce que la vieillesse, une vieillesse prématurée, eût imprimé sur mon visage les traits hideux de mon ame. Alors je me vis méprisée et insultée dans le même lieu où je commandais autrefois, forcée de borner ma vengeance à d'impuissantes malédictions, et condamnée à entendre, de la tour qui me fut assignée pour demeure, les clameurs des orgies auxquelles je prenais part jadis, et les gémissemens des nouvelles victimes de l'oppression.

— Ulrique, avec un cœur qui, je le crains bien, regrette encore la carrière de crimes que tu as parcourue, comment oses-tu adresser la parole à un homme qui porte cet habit? Que pourrait faire pour toi notre saint Édouard lui-même, s'il se trouvait en ta présence? Le roi confesseur fut doué par le ciel du pouvoir de guérir la lèpre du corps, mais Dieu seul peut opérer la guérison de celle de l'ame.

— Ne te détourne donc pourtant pas de moi, prophète cruel qui m'annonces la colère céleste; mais dis-moi, si tu le peux, comment se termineront ces sentimens nouveaux et terribles qui troublent ma solitude? Pourquoi des crimes commis depuis si long-temps viennent-ils se présenter à moi dans toute leur horreur? Quel destin attend au-delà du tombeau celle dont le sort sur la terre n'a été qu'un tissu de malheurs! J'aimerais mieux retourner à Woden Herthe et Zernebock, à Mista, à Skrogula et à tous les dieux de nos ancêtres païens, que d'avoir à endurer par anticipation les terreurs dont je suis assaillie jusque pendant mon sommeil.

— Je ne suis point prêtre, dit Cedric en se détournant avec dégoût de cette image vivante du crime, de la misère et du désespoir; je ne suis point prêtre, quoique j'en porte les vêtemens.

— Prêtre ou laïque, tu es le seul homme craignant Dieu et respectant les hommes que j'aie aperçu depuis vingt ans. M'ordonnes-tu donc de me livrer au désespoir?

— Je t'exhorte au repentir. Prie, fais pénitence, et puisses-tu trouver grace aux yeux de la miséricorde céleste. Mais je ne puis rester plus long-temps avec toi.

— Un instant; ne me quitte pas encore, fils de l'ami de mon père, de peur que le démon qui m'a séduite toute ma vie ne me suggère la tentation de me venger de ton mépris et de ta dureté. Crois-tu que si Front-de-Bœuf trouvait Cedric dans son château sous ce déguisement ta vie serait de longue durée? Déjà ses yeux se sont fixés sur toi, comme ceux d'un faucon sur sa proie.

— Eh bien, dit Cedric, que je sois la victime de sa rage; ma bouche ne proférera pas un mot qui ne soit avoué par mon cœur. Je mourrai en Saxon, fidèle à ma parole et à ma franchise. Retire-toi, ne me touche pas! la vue de Front-de-Bœuf lui-même me serait moins odieuse que la présence d'une créature aussi avilie et dégénérée que toi.

— Je ne te retiens plus; pars, et oublie, dans l'orgueil de ta vertu, que la misérable qui est devant toi doit le jour à l'ami de ton père. Pars; si mes souffrances m'ont séparée du genre humain, de ceux dont j'avais droit d'attendre des secours, seule je me chargerai de ma vengeance : personne ne m'aidera, mais chacun entendra parler de ce que j'oserai faire. Adieu, ton mépris a rompu le dernier fil qui m'attachait à la race des hommes, la pensée que mes souffrances pourraient m'attirer la compassion du peuple dont je fis partie.

— Ulrique, dit Cedric ému de ses dernières paroles, n'as-tu donc conservé la vie au milieu de tant de crimes et de misères, que pour céder au désespoir, maintenant que tes yeux sont ouverts sur tes fautes, et que le repentir devrait trouver accès dans ton cœur.

— Tu connais peu le cœur humain, Cedric. Pour agir comme j'ai agi, pour penser comme j'ai pensé, il faut joindre à l'amour effréné du plaisir la soif insatiable de la vengeance et l'orgueilleuse satisfaction du commandement. Ce sont là des jouissances trop enivrantes pour que l'ame, en s'y livrant, puisse conserver la faculté du repentir. J'ai survécu à l'âge des passions; la vieillesse ne connaît pas de plaisir, les rides n'ont d'influence sur personne, et la vengeance même se borne à de vains souhaits. Vient alors le regret tardif et le remords avec tous ses serpens; l'avenir n'offre plus que désespoir, comme ceux des démons, mais les remords et les regrets ne sont pas le repentir. Au surplus, tu as fait naître en moi une nouvelle ame. Tu as raison, rien n'est impossible à celui qui ne craint pas de mourir. Tu m'as fait apercevoir de nouveaux moyens de vengeance, et sois sûr que je les saisirai. Ce sentiment n'avait eu sur moi jusqu'ici qu'un empire partagé avec d'autres passions, je vais désormais m'y livrer tout entière, et tu diras que, quelle qu'ait été la vie d'Ulrique, sa mort fut digne de la fille du noble Torquil. Des forces ennemies sont rassemblées autour des murs de ce détestable château; va te mettre à leur tête, et quand tu verras un drapeau rouge flotter sur la tour de l'est de ce donjon, ordonne l'assaut, presse vivement les Normands; ils auront assez d'ouvrage dans l'intérieur, et en dépit de leurs arcs et de leurs arquebuses, tes soldats escaladeront facilement les murailles. Adieu, pars, suis ton destin, et abandonne-moi au mien.

Cedric allait lui demander quelques renseignemens sur un projet si imparfaitement annoncé, quand la voix de stentor de Front-de-Bœuf se fit entendre.

— A quoi s'amuse donc ce fainéant de prêtre? s'écriait-t-il: de par Notre-Dame de Compostelle, j'en ferai un martyr, s'il s'arrête ici pour semer la trahison parmi mes gens!

— Une mauvaise conscience, dit Ulrique, est un véritable prophète; mais ne vous inquiétez point : partez, poussez le cri de guerre des Saxons ; et si les Normands y répondent par le chant guerrier de Rollo, la vengeance se chargera du refrain.

A ces mots elle disparut par une porte dérobée, et Reginald entra dans l'appartement. Ce ne fut pas sans se faire violence que Cedric salua avec une feinte humilité le baron orgueilleux, qui lui rendit son salut par une légère inclination de tête.

— Vos pénitens, mon père, ont fait une longue confession. Je les en félicite : c'est leur dernière. Les avez-vous préparés à la mort?

— Ils s'attendaient à tout, répondit Cedric en aussi bon français qu'il le put, du moment qu'ils ont su au pouvoir de qui ils se trouvaient.

— Comment donc, messire frère, reprit Front-de-Bœuf, vous avez un accent qui sent le saxon!

— J'ai été élevé au couvent de Saint-Withold de Burton, répondit Cedric.

— Il aurait mieux valu pour toi que tu fusses né Normand, et cela m'aurait mieux convenu aussi ; mais, dans le besoin, on ne peut choisir ses messagers. Ce couvent de Saint-Withold est un nid de hiboux qui vaut la peine d'être déniché ; le moment viendra bientôt où le froc ne protégera pas le Saxon plus que la cotte de mailles.

— Que la volonté de Dieu s'accomplisse, dit Cedric d'une voix tremblante de colère, ce que Front-de-Bœuf attribua à la crainte.

— Tu crois déjà apercevoir nos hommes d'armes dans ton réfectoire et dans tes celliers ; mais rends-moi un service, et, quoi qu'il puisse arriver à tes confrères, tu pourras dormir dans ta cellule aussi tranquillement qu'un limaçon dans sa coquille.

— Faites-moi connaître vos ordres, dit Cedric avec une émotion qu'il cherchait à déguiser.

— Suis-moi par ce passage, et je te ferai sortir par la poterne.

Et, en montrant le chemin au prétendu frère, il lui donna ses instructions sur ce qu'il désirait de lui.

— Tu vois, sire moine, ce troupeau de pourceaux saxons qui ont osé environner mon château. Dis-leur tout ce qui te passera par la tête sur la faiblesse de cette forteresse, de manière à les retenir ici deux fois vingt-quatre heures, et porte sur-le-champ cet écrit...... Mais, un instant, sais-tu lire, messire prêtre ?

— Je ne sais lire que mon bréviaire, répondit Cedric, et j'en connais les caractères imprimés, parce que je sais la sainte messe par cœur, grace à Notre-Dame et à saint Withold.

— C'est le messager qu'il me fallait, dit Front-de-Bœuf entre ses dents. Prends donc cette lettre, et porte-la au château de Philippe de Malvoisin. Tu diras que c'est moi qui t'envoie, qu'elle est écrite par le templier Brian de Bois-Guilbert, et que je le prie de la faire passer à York, avec toute la diligence que peut faire un cavalier bien monté. Dis-lui aussi qu'il ne soit pas inquiet : il nous trouvera frais et dispos derrière nos fortifications. Il serait honteux pour nous d'éprouver quelque crainte à la vue d'une troupe de misérables, habitués à fuir dès qu'ils voient flotter nos étendards et en entendant le bruit de nos chevaux. Je te le répète, prêtre, cherche dans ton cerveau quelques moyens pour engager ces drôles à conserver leur position jusqu'à l'arrivée de nos amis. Ma vengeance est éveillée; c'est un faucon qui ne dort plus qu'il n'ait saisi sa proie.

— Par mon saint patron, dit Cedric avec plus d'énergie que son rôle n'exigeait, et par tous les saints qui ont vécu et qui sont morts en Angleterre, j'exécuterai vos ordres, et pas un Saxon ne s'éloignera de ces murs, si j'ai sur eux assez d'influence pour les retenir.

— Ah! ah! dit Front-de-Bœuf, tu parles avec bien de l'ardeur! on dirait que tu prendrais plaisir à voir massacrer des Saxons; et cependant tu es un marcassin de la même lignée!

Cedric était un mauvais adepte dans l'art de la dissimulation; il aurait eu besoin d'avoir à ses côtés en ce moment son pauvre fou, dont l'esprit plus fertile lui aurait suggéré quelque réponse. Mais nécessité est mère d'invention, dit un ancien proverbe; et il murmura, sous son capuchon, quelques mots qui firent croire à Front-de-Bœuf qu'il regardait les gens qui formaient ce rassemblement comme des rebelles et des excommuniés.

— De par Dieu! s'écria Front-de-Bœuf, tu as dit la vérité: j'oubliais que les coquins peuvent détrousser un gros abbé tout aussi bien que s'il était né de l'autre côté de la Manche. N'est-ce pas le prieur Saint-Yves qu'ils ont lié à un chêne, et qu'ils ont forcé à chanter des psaumes, tandis qu'ils visitaient ses malles et ses valises? Non, de par Notre-Dame! c'est à Gauthier de Midleton, un de nos compagnons d'armes, qu'ils ont joué ce tour. Mais c'étaient des Saxons qui ont volé, dans la chapelle de Saint-Bees, chandeliers, calices et ciboires, n'est-il pas vrai ?

— C'étaient des hommes sans crainte de Dieu, dit Cedric.

— Sans doute, et qui ont bu tout le bon vin qui était en réserve pour faire ripaille en secret ; car vous autres moines vous aimez mieux une table bien servie que le chœur de votre couvent. Prêtre, tu dois avoir fait vœu de tirer vengeance d'un tel sacrilège ?

— Oui, j'ai fait vœu de vengeance, répondit Cedric ; saint Withold en est témoin.

Ils arrivèrent en ce moment à la poterne ; et, ayant traversé le fossé sur une planche, ils gagnèrent une petite redoute servant de défense extérieure, qui communiquait à la campagne par une porte de sortie bien défendue.

— Pars donc, dit Front-de-Bœuf ; et si tu exécutes fidèlement mon message, et que tu reviennes ici ensuite, tu y trouveras de la chair de Saxon à meilleur marché qu'on n'a jamais vendu celle de porc sur le marché de Sheffield. Écoute, tu me parais un bon vivant ; viens me revoir après l'affaire, et je te ferai boire assez de Malvoisie pour enivrer tout ton couvent.

— J'espère bien que nous nous reverrons, dit Cedric.

— En attendant, prends ceci, dit le Normand. Et il lui mit dans la main, presque malgré lui, un besant d'or, en ajoutant :— Mais songe bien que si tu manques à ta parole, je t'arracherai ton froc et la peau qu'il couvre.

— Je te le permets, répondit Cedric en s'éloignant à grands pas, si tu ne trouves pas, quand nous nous reverrons, que je mérite un autre traitement. Se voyant alors assez éloigné du château, il se retourna vers Front-de-Bœuf, et, jetant le besant d'or de son côté : — Maudit Normand, s'écria-t-il, puisses-tu périr ainsi que ton argent !

Front-de-Bœuf n'entendit ces paroles que très-imparfaitement, mais il vit son action, qui lui parut très-suspecte. — Archers, cria-t-il aux sentinelles qui garnissaient les murailles, envoyez-moi une flèche dans le froc de ce moine. Mais non, ajouta-t-il quand il vit ses gens bander leurs arcs, ce serait inutile. Il faut nous fier encore à lui, à défaut de meilleur expédient. J'imagine qu'il n'oserait pas me trahir; au pis aller je puis traiter avec ces chiens de Saxons que je tiens ici prisonniers. Holà! Giles, qu'on m'amène Cedric de Rotherwood et cet autre drôle qui est son compagnon, Athelstane de Coningsburgh, je crois. Ces misérables noms saxons sont si durs pour la langue d'un Normand! il en reste un goût de lard dans la bouche. Préparez-moi un flacon de vin, pour que je me la rince, comme dit le prince Jean ; — qu'on le porte dans la salle d'armes, et conduisez-y les prisonniers.

On exécuta ses ordres. En entrant dans la salle gothique, ornée des trophées d'armes, fruits de sa valeur et de celle de son père, il trouva sur une table massive de bois de chêne un flacon de vin, et debout, en face, les deux captifs saxons, gardés par quatre soldats. Front-de-Bœuf commença par boire, et jeta ensuite les yeux sur ses prisonniers. Il n'avait vu Cedric que très-rarement, car il évitait toute communication avec ses voisins saxons, et sortait rarement de ses domaines. Cette circonstance, jointe à l'obscurité qui régnait dans la salle, et à la manière dont Wamba cherchait à se couvrir de son manteau et de sa toque, fit qu'il ne s'aperçut pas que celui de ses prisonniers auquel il attachait le plus d'importance lui était échappé.

— Mes braves Saxons, dit le Normand, comment vous trouvez-vous à Torquilstone ? Sentez-vous ce que méritent votre *outre-cuidance* et votre présomption, pour la manière dont vous avez osé vous conduire lors de la fête donnée par un prince de la maison d'Anjou ? Avez-vous oublié comment vous avez répondu à l'hospitalité du prince royal Jean, hospitalité dont vous étiez si peu dignes ? De par Dieu et saint Denis, si vous ne me payez une riche rançon, je vous ferai pendre par les pieds aux barres de fer de ces fenêtres, jusqu'à ce que les corbeaux et les vautours aient fait de vos corps deux squelettes. Eh bien ! parlerez-vous, chiens de Saxons ? Quelle somme m'offrez-vous pour racheter votre misérable vie ? Vous, sire de Rotherwood, que me donnerez-vous ?

— Pas un zeste, répondit Wamba. Depuis que je suis au monde j'ai toujours marché la tête en haut, et l'on dit pourtant que j'ai le cerveau tourné; si vous la placez en bas, cela me remettra peut-être dans mon bon sens : c'est une épreuve à faire.

— Sainte Geneviève ! s'écria Front-de-Bœuf, qui diable peut parler ainsi ?

D'un revers de main, il fit tomber la toque de Cedric que portait le bouffon, et écartant son manteau, il vit les marques certaines de sa servitude, le collier de cuivre autour du cou.

— Giles, Clément, chiens de vassaux, s'écria le Normand furieux, qui donc m'avez-vous amené ici ?

— Je crois que je puis vous l'apprendre, dit Bracy,

qui entrait en ce moment : c'est le fou de Cedric, celui qui escarmoucha si noblement avec Isaac d'York, pour une dispute de préséance.

— Je réglerai cette affaire entre eux, dit Front-de-Bœuf, en les faisant pendre au même gibet, à moins que son maître et ce verrat de Coningsburg ne mettent à leurs jours un bien haut prix. Il faut que Cedric abandonne tous ses biens, qu'il fasse retirer cet essaim de bandits qui entourent mon château; qu'il renonce à ses prétendues prérogatives; qu'il se reconnaisse serf et vassal; trop heureux si, dans le monde nouveau qui va commencer, je veux bien lui laisser le droit de respirer. Allez, dit-il à deux de ses gardes, allez me chercher le véritable Cedric; je vous pardonne d'autant plus volontiers votre méprise, que vous n'avez fait que prendre un fou pour un franklin saxon.

— Oui, dit Wamba, mais Votre Excellence chevaleresque trouvera ici plus de fous que de franklins.

— Que veut dire cet esclave? demanda Front-de-Bœuf aux gardes qui l'avaient amené. Et ceux-ci, en hésitant, dirent que si cet individu n'était pas Cedric, ils ne pouvaient concevoir ce qu'il était devenu.

— De par tous les saints du paradis, dit De Bracy, il faut qu'il se soit échappé sous les habits du moine!

— De par tous les diables de l'enfer, s'écria Front-de-Bœuf, c'est donc le verrat de Rotherwood que j'ai conduit à la poterne, et à qui j'ai moi-même ouvert la porte! Quant à toi, dit-il à Wamba, toi dont la folie a mis en défaut la sagesse d'idiots plus imbéciles encore que toi, je te donnerai les saints ordres; je ferai faire la tonsure. Qu'on lui arrache la peau de la tête, et qu'on le précipite du haut des murailles! Eh bien! ton métier est de plaisanter, plaisante donc maintenant?

— Vous me traitez beaucoup mieux que vous ne me l'aviez promis, noble chevalier, répondit Wamba, que les approches de la mort ne pouvaient faire renoncer à ses habitudes de bouffonnerie : je suis arrivé dans votre château simple moine, et, grace à la calotte rouge dont vous me parlez, j'en sortirai cardinal.

—Le pauvre diable, dit Bracy en riant, veut mourir fidèle à sa vocation. Je vous demande sa grace, Front-de-Bœuf; faites-moi présent de ce serf, il divertira ma compagnie franche. Qu'en dis-tu bouffon ; acceptes-tu ma proposition, et veux-tu me suivre à la guerre ?

— Sans doute, répondit Wamba; avec la permission de mon maître, bien entendu : car vous voyez cela, ajouta-t-il en touchant son collier, je ne puis le quitter autrement que de son consentement.

— Je te réponds, dit Bracy, qu'une bonne lime normande t'aura bientôt débarrassé de ce collier saxon.

— Oui, noble sire, repartit Wamba, et de là vient le proverbe :

— Scie normande sur le chêne saxon ; — joug normand sur cou saxon ; — cuiller normande dans le plat saxon ; — l'Angleterre gouvernée selon le caprice des Normands. Allons, tant que cela durera, adieu le bonheur de l'Angleterre.

— A quoi pensez-vous, De Bracy, dit Front-de-Bœuf, d'écouter les sornettes d'un fou, quand le château est menacé de destruction ? Ne voyez-vous pas que notre dépêche est interceptée; qu'elle n'arrivera pas à sa destination ; que nous n'avons pas de secours à attendre : tout cela, grace aux manœuvres d'un vil bouffon dont vous vous déclarez le protecteur ? Ne devons-nous pas à chaque instant nous attendre à un assaut?

— Aux murailles donc, aux murailles! s'écria Bracy; dans le moment du danger, m'avez-vous jamais vu plus triste? Qu'on appelle le templier! qu'il défende sa vie avec la moitié seulement du courage qu'il a montré en défendant son ordre. Venez vous-même vous poster sur les murailles avec votre taille de géant; je ne me ménagerai pas de mon côté; et, croyez-moi, il serait aussi facile à ces outlaws saxons d'escalader le ciel que de prendre d'assaut le château de Torquilstone. Au surplus, si vous voulez traiter avec eux, que n'employez-vous la médiation de ce digne franklin, dont les regards sont, depuis long-temps, amoureusement fixés sur ce flacon de vin? Tenez, Saxon, dit-il à Athelstane en lui présentant une coupe pleine, rincez-vous le gosier avec cette noble liqueur, et prenez des forces pour nous dire ce que vous nous offrez pour votre rançon.

— Mille marcs d'argent, répondit Athelstane, si vous me rendez la liberté ainsi qu'à mes compagnons.

— Et nous garantis-tu, lui demanda Front-de-Bœuf, la retraite de ces brigands, l'écume du genre humain, qui entourent ce château, et qui violent la paix de Dieu et du roi?

— Je ferai mes efforts pour les y déterminer, et je suis sûr que le noble Cedric me secondera de tout son pouvoir.

— Nous voilà donc d'accord, dit Front-de-Bœuf: toi et les tiens, vous serez remis en liberté, et la paix est rétablie entre nous, moyennant le paiement de mille marcs d'argent. Cette rançon est bien faible, Saxon, et tu dois être reconnaissant de notre modération. Mais fais bien attention que le traité ne comprend pas le juif Isaac.

— Ni sa fille Rebecca, dit le templier qui venait d'arriver.

— Ni la suite du Saxon Cedric, ajouta Front-de-Bœuf.

— Ni lady Rowena, s'écria Bracy. Il ne sera pas dit qu'on m'enlèvera une telle prise, sans me la disputer la lance à la main.

— Ni ce misérable bouffon, dit encore Front-de-Bœuf. Je prétends en faire un exemple qui frappe de terreur tous les gens de sa sorte qui voudraient faire servir leur folie à un complot.

— Je suis chrétien, dit Athelstane d'un ton ferme et assuré, et je n'ai pas stipulé pour les infidèles : faites-en tout ce qu'il vous plaira. Mais, en vous offrant mille marcs d'argent pour ma rançon et celle de mes compagnons, j'ai entendu comprendre sous ce nom toute la suite de Cedric. Lady Rowena est ma fiancée, et vous me ferez tirer par quatre chevaux indomptés avant que je consente à renoncer à elle. Quant au serf Wamba, il a sauvé aujourd'hui la vie de Cedric, et je perdrai la mienne plutôt que de souffrir qu'on fasse tomber un cheveu de sa tête.

— Ta fiancée ! s'écria Bracy : lady Rowena la fiancée d'un vassal comme toi ! Tu rêves, Saxon ; tu penses que tes sept royaumes subsistent encore. Apprends que les princes de la maison d'Anjou n'accordent point leurs pupilles à des hommes d'un lignage tel que le tien.

— Mon lignage, orgueilleux Normand, répondit

Athelstane, sort d'une source plus pure et plus ancienne que celle d'un mendiant français qui gagne sa vie en vendant le sang d'une troupe de brigands rassemblés sous son misérable étendard. Mes ancêtres étaient souverains en ce pays. Braves à la guerre, sages pendant la paix, ils nourrissaient dans leur palais plus de centaines de sujets loyaux, que tu ne comptes d'individus qui te suivent. Leur gloire a été célébrée par les ménestrels; leurs dépouilles mortelles ont reçu les honneurs de la sépulture au milieu des prières des saints, et de magnifiques églises se sont élevées sur leurs tombeaux.

— Qu'as-tu à dire, Bracy? dit Front-de-Bœuf dont la malignité naturelle trouvait du plaisir à voir humilier son compagnon : le Saxon a frappé juste.

— Aussi juste, répondit De Bracy d'un air d'insouciance, que peut frapper un captif dont les mains sont liées, et à qui l'on veut bien laisser l'usage de la langue. Mais tes belles paroles, camarade, dit-il à Athelstane, ne rendront pas la liberté à lady Rowena.

Athelstane, qui faisait rarement de si longs discours, même sur le sujet qui l'intéressait le plus, ne répondit rien, et la conversation fut interrompue par l'arrivée d'un garde qui annonça qu'un moine venait de se présenter à la poterne, et demandait à entrer.

— Au nom de saint Bennet, prince de tous ces mendians désœuvrés, dit Front-de-Bœuf, est-ce un véritable moine pour cette fois, ou est-ce encore un imposteur? Fouillez-le: qu'on le questionne avant de le laisser entrer, car, si vous vous laissez tromper une seconde fois, je vous ferai arracher les yeux, et mettre en place des charbons ardens.

— Je consens à être exposé à tout votre courroux, seigneur, dit Giles, si ce n'est pas un véritable moine. Votre écuyer Jocelyn le connaît parfaitement. C'est le frère Ambroise, il vient de la part du prieur de Jorvaulx.

— Faites-le entrer, répondit Front-de-Bœuf : il nous apporte sans doute des nouvelles de son maître jovial. Il faut que le diable soit en vacances, et que les prêtres n'aient rien à faire, puisqu'ils courent les champs de cette manière. Gardes, faites retirer les prisonniers ; et toi, Saxon, songe à tout ce que tu viens d'entendre.

— Je demande à être honorablement traité, dit Athelstane, à être logé et nourri comme l'exige mon rang, et comme doit l'être un homme qui est en traité pour sa rançon. En outre, je somme celui qui se regarde comme le plus brave de vous, de me rendre raison, corps à corps, de l'attentat commis contre ma liberté. Ce défi a déjà dû t'être transmis par ton écuyer tranchant ; tu n'en as fait nul compte, et tu dois y répondre. Voici mon gant.

— Je ne reçois pas le défi de mon prisonnier, et aucun de mes amis n'y répondra. Giles, ramasse le gant de ce franklin, suspends-le à un de ces bois de cerf, et qu'il y reste jusqu'à ce que son maître soit en liberté. Alors, s'il ose le redemander, ou affirmer qu'il a été fait mon prisonnier illégalement, il parlera à un homme qui n'a jamais refusé de rencontrer son ennemi, à pied ou à cheval, seul à seul, ou à la tête de ses vassaux.

Les prisonniers se retirèrent, et l'on fit entrer le frère Ambroise, qui paraissait troublé et consterné.

— Voilà un vrai *pax vobiscum*, dit Wamba en passant près de lui : les autres n'étaient que de la fausse monnaie.

— Sainte Vierge ! dit le moine en jetant les yeux sur les trois chevaliers, je suis enfin en sûreté, et parmi des chrétiens !

— Oui, oui, tu es en sûreté, dit De Bracy; et, quant aux chrétiens, tu vois ici le brave baron Reginald Front-de-Bœuf qui a les juifs en horreur, et le vaillant chevalier templier Brian de Bois-Guilbert, dont le métier est de tuer des Sarrasins. Si tu ne reconnais pas de bons chrétiens à ces marques, je ne sais ce que tu peux désirer de plus.

— Vous êtes amis et alliés de notre révérend père en Dieu Aymer, prieur de Jorvaulx, dit le moine sans faire attention au ton de plaisanterie de Bracy : comme chevaliers et comme chrétiens, vous lui devez secours et protection, car le bienheureux saint Augustin l'a dit dans son traité *de Civitate Dei*.....

— Que dit le diable ? interrompit Front-de-Bœuf, ou plutôt, que dis-tu, messire prêtre ? nous n'avons pas le temps en ce moment d'écouter des citations des saints pères.

— *Sancta Maria!* s'écria le frère : comme ces laïcs sont prompts à s'emporter ! Apprenez donc, braves chevaliers, que des brigands sacrilèges, n'ayant ni crainte de Dieu ni respect pour son Église, et sans égards pour la bulle du saint-siège, *Si quis, suadente diabolo*.....

— Frère prêtre, dit le templier, nous savons, ou du moins nous devinons ce que tu viens nous annoncer. Mais, dis-nous-le clairement, le prieur est-il fait prisonnier, et par qui ?

— Hélas! répondit le frère Ambroise, il est entre les mains des enfans de Bélial, qui infestent ces bois et qui méprisent le saint texte : — Ne touchez pas mes oints et ne faites point de mal à mes prophètes.

— Voilà une nouvelle besogne pour nos lances, messieurs, dit Front-de-Bœuf à ses compagnons : et ainsi, au lieu de nous donner des secours, c'est à nous que le prieur de Jorvaulx en demande. On trouve beaucoup d'aide au besoin dans tous ces fainéans hommes d'église! Mais voyons, prêtre, explique-toi : qu'est-ce que ton maître attend de nous?

— Violence a été faite à mon révérend supérieur, dit Ambroise, au mépris du texte que je vous ai déjà cité; les fils de Bélial ont pillé ses malles et ses valises, lui ont pris deux cents marcs d'argent fin, et en exigent une somme encore plus considérable avant de le laisser sortir de leurs mains; il vous prie donc, comme ses dignes amis, de le sauver, soit en payant sa rançon, soit par la force de vos armes, comme vous le jugerez le plus convenable.

— Au diable soit le prieur! s'écria Front-de-Bœuf : il faut qu'il ait bien arrosé son déjeuner ce matin! Où ton maître a-t-il jamais vu un baron normand ouvrir sa bourse pour venir au secours d'un ecclésiastique dont les sacs sont dix fois plus enflés que les nôtres? et comment pourrions-nous le délivrer par la force des armes, quand le parti qui s'est emparé de sa personne est dix fois plus nombreux que le nôtre, et quand nous nous attendons à chaque instant à soutenir un assaut?

— Et c'est ce que j'allais vous dire, répondit le moine, si votre promptitude ne m'eût interrompu. Mais, Dieu me fasse grace ! je ne suis plus jeune, et la vue seule de ces bandits suffit bien pour troubler le cerveau d'un vieillard. C'est pourtant la vérité qu'il se forme un camp à deux pas, et qu'on prépare une attaque contre les murs de ce château.

— Aux murailles ! aux murailles ! s'écria De Bracy : voyons quels sont les projets de ces drôles. En parlant ainsi, il ouvrit une fenêtre qui conduisait à une sorte de plate-forme ou de balcon, d'où, ayant regardé, il dit à ses compagnons :

— De par saint Denis ! le vieux moine a raison : ils placent un mantelet en face du château, et une foule d'archers sur la lisière du bois semble un nuage noir, précurseur de la grêle.

Front-de-Bœuf s'approcha ; et, ayant vu les dispositions de l'ennemi, il donna du cor, rassembla ses gens, et leur ordonna de se rendre à leur poste sur les murailles.

— De Bracy, s'écria-t-il, charge-toi de la défense du château du côté de l'est, où les murs ont le moins d'élévation ; noble Bois-Guilbert, ta profession t'a appris l'art de la défense comme celui de l'attaque, veille sur le côté de l'occident ; moi je me tiendrai à la haute tour. Cependant, mes amis, ne vous bornez pas à défendre un seul point ; il faut aujourd'hui que nous soyons partout en même temps ; que nous nous multipliions, en quelque sorte, de manière à porter du secours et à inspirer la confiance partout où l'attaque sera la plus chaude. Nous sommes en petit nombre ; mais le courage et l'activité peuvent y suppléer, puisque nous n'avons affaire qu'à de misérables paysans.

—Mais, nobles chevaliers, dit le frère Ambroise

conservant son sang-froid au milieu de ces préparatifs de défense, personne de vous ne voudra-t-il entendre le message du révérend père en Dieu Aymer, prieur de Jorvaulx? Je vous supplie de m'écouter, noble sire Reginald!

— Adresse tes prières au ciel, répondit celui-ci, car nous n'avons pas le temps de les écouter sur la terre. Holà! Anselme, faites bouillir de l'huile et de la poix, pour en arroser la tête de ces révoltés audacieux. Faites préparer les arcs et les arbalètes. Qu'on arbore ma bannière à tête de taureau! Les traîtres verront bientôt à qui ils ont affaire aujourd'hui.

— Mais, noble Reginald, dit le moine persistant dans ses efforts pour attirer son attention, songez à mon vœu d'obéissance, et permettez-moi de m'acquitter du message de mon supérieur.

— Qu'on me débarrasse de ce radoteur, dit Front-de-Bœuf; qu'on l'enferme dans la chapelle, et qu'il y dise son chapelet jusqu'à la fin de tout ceci. Ce sera une chose nouvelle pour les saints de Torquilstone d'entendre des *Pater* et des *Ave*. Je ne crois pas que cela leur soit arrivé depuis qu'ils sont sortis de la carrière.

— Ne blasphémez pas les saints, sire Reginald, dit De Bracy: nous aurons besoin aujourd'hui de leur aide pour venir à bout de cette canaille.

— Je n'en attends pas grand secours, à moins que nous ne les jetions du haut des murs sur la tête de ces coquins. Il y a un saint Christophe qui écraserait lui seul toute une compagnie.

Pendant cette conversation, le templier examinait les travaux des assiégeans avec plus d'attention que le brutal Front-de-Bœuf ou son étourdi compagnon.

— Sur la foi de mon ordre, dit-il, ces gaillards poussent les approches avec plus d'ordre et de jugement que je ne m'y serais attendu. Voyez comme ils savent avec adresse se faire un rempart de chaque arbre et du moindre buisson! Comme ils profitent du mantelet qu'ils avancent, pour se mettre à l'abri des traits et des flèches. Je ne vois parmi eux ni bannière ni étendard, mais je gagerais ma chaîne d'or qu'ils sont guidés par quelque chevalier, par quelque homme instruit dans la pratique des armes.

— Il n'y a nul doute, dit Bracy : je vois briller le casque et l'armure d'un chevalier. Ne voyez-vous pas là-bas un homme de grande taille, couvert d'armes noires, qui fait ranger une troupe d'archers? De par saint Denis! je crois que c'est celui que nous avions nommé le *Noir-Fainéant*, qui vous fit vider les arçons, Front-de-Bœuf, dans le tournoi d'Ashby.

— J'en suis ravi, dit Front-de-Bœuf : il vient sans doute pour me donner ma revanche. Il faut que ce soit quelque vilain, puisqu'il n'a pas osé se montrer après le tournoi, pour réclamer le prix que le hasard lui avait fait adjuger. Je l'aurais inutilement cherché dans les rangs où les nobles et les chevaliers cherchent leurs ennemis, et je suis charmé de le rencontrer au milieu de cette canaille.

L'ennemi paraissant faire très-sérieusement des dispositions pour attaquer, on suspendit la conversation. Les chevaliers se rendirent chacun à son poste, à la tête du petit nombre d'hommes qu'il avait à sa suite; ils n'étaient pas en nombre suffisant pour garnir la totalité des murailles, mais ils attendirent avec calme et courage l'assaut dont ils étaient menacés.

CHAPITRE XXVIII.

« Ces êtres séparés du reste des humains
» Ont contre tous les maux des secrets souverains.
» Au milieu des déserts et des bois qu'ils fréquentent
» Des herbes et des fleurs sous leurs pas se présentent,
» Que les autres mortels verraient avec mépris,
» Et que leur main habile orne d'un nouveau prix. »
Le Juif de Malte.

Il faut que notre histoire rétrograde de quelques pages, pour informer le lecteur de plusieurs circonstances qu'il lui importe de connaître pour comprendre le reste de notre récit. Sa propre intelligence doit déjà lui avoir fait supposer que lorsque Ivanhoe tomba de faiblesse, et parut abandonné du monde entier, Rebecca obtint de son père, à force d'importunités, de faire transporter ce jeune guerrier dans la maison que ce juif habitait alors dans un faubourg d'Ashby.

En toute autre circonstance, il n'aurait pas été difficile d'y faire consentir Isaac, car il était naturellement humain et reconnaissant; mais il avait aussi les préjugés et les scrupules de sa nation persécutée, et c'était ce qu'il s'agissait de vaincre.

— Bienheureux Abraham! s'écria-t-il, c'est un brave jeune homme, et mon cœur saigne de voir son sang couler sur un hoqueton si bien brodé, et sur un corselet d'étoffe si précieuse. Mais le transporter dans notre maison! y avez-vous bien réfléchi, ma fille? il est chrétien, et, d'après notre loi, nous ne devons avoir de rapports avec l'étranger et le gentil que pour les affaires de notre commerce.

— Ne parlez pas ainsi, mon père, répondit Rebecca : il est bien vrai que nous ne devons pas nous joindre à eux dans les plaisirs des festins; mais quand il est blessé et malheureux, le gentil devient le frère du juif.

— Je voudrais bien savoir ce que le rabbin Jacob Ben Tudela en penserait. Cependant il ne faut pas que le brave jeune homme périsse, faute de secours. Seth et Reuben n'ont qu'à le porter à Ashby.

— Qu'ils le placent dans ma litière, mon père; je monterai un des palefrois.

— Ce serait vous exposer aux regards profanes des enfans d'Israël et d'Édom, dit Isaac à voix basse en regardant d'un air d'inquiétude les chevaliers et les écuyers qu'on voyait encore de tous côtés. — Mais Rebecca faisait déjà exécuter son projet charitable, sans écouter ce que disait son père, quand celui-ci, la tirant doucement par la manche de sa robe : — Par la barbe d'Aaron! s'écria-t-il d'une voix troublée, et si ce brave jeune homme venait à mourir dans notre logis, ne nous rendrait-on pas responsables de son sang? ne serions-nous pas mis en pièces par le peuple?

— Il ne mourra pas, mon père? dit Rebecca en repoussant Isaac avec douceur; il ne mourra pas, à moins que nous ne l'abandonnions, et en ce cas nous serions véritablement responsables de sa mort devant Dieu et devant les hommes.

— Oui, j'en conviens, chaque goutte de son sang que je vois couler me fait autant de peine que si c'était un besant d'or sortant de ma bourse. Je sais que les leçons de Miriam, fille du rabbin Manassès de Bysance, dont l'ame est dans le paradis, vous ont rendue savante dans l'art de guérir, et que vous connaissez la vertu des plantes et la force des élixirs. Faites donc ce que vous voudrez : vous êtes une excellente fille, une bénédiction, une couronne de gloire, un cantique d'allégresse pour moi, pour ma maison et pour le peuple de mes pères.

Les appréhensions d'Isaac n'étaient pourtant pas mal fondées, et la généreuse bienfaisance de sa fille reconnaissante l'exposa, en retournant à Ashby, aux regards licencieux de Brian de Bois-Guilbert. Le templier, l'ayant aperçue sur la route, passa et repassa deux fois devant elle pour mieux la voir, en jetant sur la belle juive des regards enflammés et audacieux. Nous avons déjà vu quelles furent les suites de l'admiration qu'elle lui avait inspirée, lorsqu'elle fut en la puissance de ce chevalier sans principes.

Rebecca ne perdit pas un instant pour faire transporter le blessé dans la demeure de son père. Là elle examina ses blessures, et les pansa de ses propres mains. Mes jeunes lecteurs qui ont lu des romans de chevalerie doivent se rappeler que les femmes, dans ces siècles d'ignorance, comme on les appelle, étaient souvent initiées dans les mystères de la chirurgie, et que le valeureux chevalier devait fréquemment sa guérison aux mains de la belle dont les yeux avaient fait une blessure encore plus profonde à son cœur.

Mais à cette époque les juifs des deux sexes possédaient et exerçaient l'art de la médecine dans toutes ses branches; et les plus puissans barons, les monarques mêmes, quand ils étaient malades ou blessés, se confiaient souvent aux soins de quelque personne habile de cette race proscrite. Les chrétiens croyaient assez généralement que les rabbins juifs étaient profondément versés dans les sciences occultes, et surtout dans l'art cabalistique, qui tirait son nom et son origine des études des sages d'Israël; néanmoins on n'en montrait pas moins d'empressement pour obtenir leurs secours. Les rabbins eux-mêmes ne désavouaient pas les connaissances surnaturelles qu'on leur supposait, parce que cette idée n'ajoutait rien à la haine sans bornes qu'on leur avait vouée, et qu'elle diminuait le mépris dont cette haine était mêlée. Un magicien juif pouvait inspirer la même horreur qu'un juif usurier, mais il ne pouvait être aussi méprisé. Il est d'ailleurs probable, si l'on fait attention aux cures merveilleuses qui leur furent attribuées, que les juifs possédaient quelques secrets particuliers en médecine qu'ils avaient grand soin de cacher aux chrétiens parmi lesquels ils demeuraient.

La belle Rebecca, instruite dans toutes les connaissances particulières à sa nation, en avait profité au-delà de ce qu'on aurait pu attendre de son âge, de son sexe, et même du temps où elle vivait. Elle avait reçu des leçons de l'art de guérir de Miriam, vieille juive, fille d'un de leurs plus célèbres docteurs, qui aimait Rebecca comme sa fille, et qui, disait-on, lui avait communiqué tous les secrets qu'elle tenait elle-même de son père. Le destin de Miriam avait été d'être sacrifiée au fanatisme du siècle ; mais ses secrets lui avaient survécu dans son élève intelligente.

Aussi distinguée par ses connaissances que par ses charmes, Rebecca était universellement révérée et admirée par sa nation, qui la regardait presque comme une de ces femmes favorisées de Dieu dont parle l'histoire sainte. Son père lui-même, par respect pour ses talens, autant que par un effet de la tendresse sans bornes qu'il avait pour elle, lui accordait plus de liberté que n'en donnaient aux personnes de son sexe les usages de ce peuple ; et, comme nous venons de le voir, il se laissait souvent guider par son opinion, jusqu'à lui sacrifier la sienne.

Quand Ivanhoe arriva chez Isaac, il avait perdu connaissance, ce qui était la suite de sa blessure. Rebecca, après lui avoir appliqué les vulnéraires qu'elle jugea propres à le guérir, dit à son père que si la fièvre ne survenait pas, ce qu'on pouvait espérer d'après la quantité de sang qu'il avait perdue, il n'y avait rien à craindre pour la vie du blessé, et qu'on pourrait le transporter à York le jour suivant. Ces paroles firent pâlir Isaac. Sa charité se serait volontiers bornée à laisser le blessé dans la maison où il se trouvait à Ashby, en disant au juif à qui elle appartenait qu'il se chargerait de lui rembourser tous les frais ; mais Rebecca s'y opposa, pour plusieurs raisons dont nous ne citerons que deux, parce qu'elles parurent de poids à son père. L'une était qu'elle ne confierait à personne, pas même à un médecin de sa propre tribu, la fiole du baume nécessaire pour achever la guérison du blessé, de crainte qu'on ne parvînt à en découvrir la composition ; l'autre, que ce chevalier, Wilfrid d'Ivanhoe, était le favori de Richard-Cœur-de-Lion ; et que, si ce monarque revenait en Angleterre, Isaac, qui avait fourni au prince Jean des sommes considérables pour servir ses projets de rébellion, aurait grand besoin d'un protecteur puissant qui voulût intercéder en sa faveur auprès du roi.

— Tout cela est vrai et raisonnable, Rebecca, lui dit son père cédant à la force de ces argumens. Ce serait offenser Dieu que de risquer de trahir les secrets de la bienheureuse Miriam, car les biens qu'accorde le ciel ne doivent pas être inconsidérément jetés à la tête des autres, n'importe que ce soient des marcs d'or et d'argent, ou des connaissances secrètes et mystérieuses ; il faut en laisser dépositaires ceux qui ont reçu cette faveur de la Providence. Quant à celui que les Nazaréens d'Angleterre appellent *Cœur-de-Lion*, assurément il vaudrait mieux pour moi tomber dans les griffes d'un lion d'Idumée que dans ses mains, s'il vient à apprendre les affaires que j'ai faites avec son frère. J'ouvre donc l'oreille à vos avis ; ce brave jeune homme viendra avec nous à York : notre maison sera la sienne jusqu'à ce qu'il soit guéri de ses blessures ; et si le Cœur-de-Lion revient dans ce pays, comme le bruit s'en répand, ce chevalier sera pour moi comme un mur de défense contre la colère du roi. S'il ne revient pas, Wilfrid pourra me rembourser mes frais, quand il aura gagné quelques bonnes dépouilles à la pointe de sa lance, comme il l'a fait hier et aujourd'hui : car c'est un brave jeune homme, fidèle à ses engagemens, exact au jour et à l'heure ; il rend ce qu'il a emprunté, il paie ce qu'il doit, il secourt l'Israélite, et même le fils de la maison de mon père, quand il se trouve entouré de voleurs et d'enfans de Bélial.

Ce ne fut que vers le soir qu'Ivanhoe recouvra l'usage de ses sens. Il sortit comme d'un profond sommeil, son esprit étant encore plongé dans un état de stupeur et de confusion. Il fut pendant quelque temps incapable de se rappeler exactement les circonstances qui avaient précédé sa chute dans la lice, et de suivre la chaîne des événemens auxquels il avait pris tant de part depuis la veille. Aux souffrances que lui causaient ses blessures, à son état de faiblesse et d'épuisement, se mêlait un souvenir vague de combats, de coups portés et reçus ; il voyait les coursiers s'élancer l'un contre l'autre, se choquer, se renverser ; il entendait le cliquetis des armes, les cris des combattans, et tout le tumulte d'une bataille. Il fit un effort douloureux pour écarter le rideau du lit où on l'avait placé, et il y réussit, quoique non sans quelque difficulté.

A sa grande surprise, il se trouva dans un appartement magnifiquement meublé à la manière des Orientaux, de sorte qu'il crut un moment qu'on l'avait de nouveau transporté en Palestine pendant qu'il avait perdu tout sentiment. On pense bien que cette illusion ne fut pas détruite quand il vit entrer avec précaution dans la chambre une femme richement vêtue, mais dont la parure annonçait le goût asiatique plutôt que celui de l'Europe, et qui était suivie d'une servante au teint cuivré.

C'était une sorte d'apparition pour le chevalier blessé; il allait lui adresser la parole, quand, mettant un doigt sur sa bouche, elle lui fit signe de garder le silence. La suivante découvrit le côté d'Ivanhoe, et la belle juive vit avec plaisir, par l'état de la blessure, que ses soins ne seraient pas sans succès. Elle remplit cette fonction avec une modestie et une simplicité pleine de grace et de dignité, qui même dans un siècle plus civilisé auraient écarté d'elle tout ce qui dans ces soins pouvait répugner à la délicatesse d'une femme. Ce n'était plus une jeune beauté courbée sur le lit d'un blessé, et mettant un appareil sur ses blessures ; cette idée s'évanouissait pour faire place à celle d'un esprit bienfaisant cherchant à soulager la douleur et à détourner le coup de la mort. Rebecca donna quelques courtes instructions, en hébreu, à sa vieille domestique, et celle-ci, habituée à servir d'aide à sa maîtresse en pareilles occasions, exécuta ses ordres à l'instant.

Les accens d'une langue étrangère paraissent ordinairement durs à l'oreille de celui qui ne la comprend pas, mais, sortant de la bouche de la belle Rebecca, ils produisirent cet effet romanesque que l'imagination attribue aux charmes d'une fée bienfaisante. Ils étaient inintelligibles pour Ivanhoe ; mais la voix si douce qui les prononçait, le regard plein de bonté qui les accompagnait, les rendaient touchans, et les faisaient arriver jusqu'au cœur. Sans se permettre une seule question, Ivanhoe laissa panser sa blessure, et ce ne fut que lorsqu'il vit celle qui lui avait prodigué ses soins près de se retirer, qu'il se détermina à lui adresser la parole.

— Jeune et charmante fille, lui dit-il en arabe, car il avait appris cette langue dans ses voyages en Orient, et le costume de Rebecca portait à croire qu'elle devait lui être familière : — Je demande à votre courtoisie.....

La belle juive l'interrompit : — Sire chevalier, lui dit-elle, je parle anglais, et je suis née en Angleterre, quoique mon costume et ma famille appartiennent à un autre pays. Et en prononçant ces paroles, un léger sourire anima un instant sa physionomie, dont l'expression habituelle était celle d'une mélancolie rêveuse.

— Noble demoiselle, reprit Ivanhoe; mais Rebecca se hâta de l'interrompre une seconde fois.

— Ne me donnez pas l'épithète de noble, sire chevalier. Il est bon que vous sachiez dès à présent que celle qui vous donne des soins n'est qu'une pauvre juive, la fille d'Isaac d'York, à qui vous avez récemment rendu un si grand service. Il est bien juste que lui et toute sa famille vous donnent en ce moment tous les secours qu'exige votre situation.

Je ne sais trop si la belle Rowena aurait été très-satisfaite de l'espèce d'émotion avec laquelle le chevalier qui lui était tout dévoué, avait jusqu'alors fixé ses regards enchantés sur les traits charmans et les beaux yeux de l'aimable Rebecca, ces yeux dont l'éclat était adouci en partie par les longs cils qui semblaient leur servir de voile, et qu'un ménestrel aurait comparés à l'étoile du soir dardant ses rayons à travers un berceau de jasmin. Mais Ivanhoe était trop bon catholique pour conserver un instant ces sentimens favorables à une juive. Rebecca l'avait prévu, et c'était pour cela même qu'elle s'était empressée de lui faire connaître le nom et la condition de son père. Cependant (car la belle et sage fille d'Isaac n'était pas exempte de toutes les faiblesses humaines) elle ne put retenir un soupir quand elle vit le regard d'admiration respectueuse, et même de tendresse, qu'Ivanhoe avait jeté sur sa bienfaitrice inconnue, se changer tout à coup en un air froid et glacial qui n'annonçait qu'une reconnaissance forcée et pénible, parce qu'elle était due à un individu d'une race proscrite, dont on ne recevait un service qu'à regret. Ce n'était pas que les yeux d'Ivanhoe eussent exprimé d'abord un sentiment plus vif que cet hommage que la jeunesse rend toujours à la beauté; mais il n'en était pas moins mortifiant qu'un seul mot eût suffi pour priver la pauvre Rebecca d'un tribut auquel on ne peut supposer qu'elle ignorât qu'elle aurait eu des droits si elle ne fût née dans une caste à laquelle on ne pouvait l'offrir honorablement.

Elle avait trop de justice et de bonté pour faire un crime à Ivanhoe de partager les préjugés universels de son siècle et de sa religion; au contraire, quoique bien convaincue que son malade ne la regardait plus que comme appartenant à une race frappée de réprobation, et avec laquelle on ne devait avoir que les relations que la nécessité rendait indispensables, elle ne cessa de lui prodiguer les soins les plus attentifs. Elle lui fit part de l'obligation où se trouvait son père de partir pour York, et du dessein qu'il avait formé de le faire transporter chez lui, et de l'y garder jusqu'à ce que ses blessures fussent parfaitement guéries. Ivanhoe montra une grande répugnance pour ce projet, et il la motiva sur le désir qu'il avait de ne pas causer plus long-temps tant d'embarras à ses bienfaiteurs.

— Ne peut-on trouver dans les environs d'Ashby, demanda-t-il, quelque franklin saxon, ou même quelque riche paysan qui consente à recevoir chez lui un compatriote blessé, jusqu'à ce qu'il soit en état de reprendre son armure? n'y a-t-il pas quelque couvent où l'on puisse me recevoir? enfin ne pourrait-on me transporter jusqu'à Burton, où je suis sûr d'être bien accueilli par mon parent Waltheof, abbé de Saint-Withold?

— La plus humble des chaumières, dit Rebecca avec un sourire mélancolique, vous paraîtrait sans doute un séjour préférable à la demeure d'un juif méprisé. Cependant, sire chevalier, vous ne pouvez changer de logement sans congédier votre médecin, et songez que quoique notre nation ne pratique pas l'art des combats, elle connaît celui de guérir les blessures qui en sont le fruit. Notre famille en particulier possède des secrets qu'on y conserve depuis le temps de Salomon, et vous en avez déjà éprouvé l'efficacité. Il n'est pas un chirurgien nazaréen..... un chirurgien chrétien, dis-je, dans toute la Grande-Bretagne, qui soit capable de vous mettre en état de porter votre cuirasse d'ici à quatre mois.

— Et combien de temps vous faudra-t-il pour cette cure? demanda Ivanhoe avec empressement.

— Huit jours si vous vous abandonnez entièrement à mes soins.

— Par la sainte Vierge! si ce n'est pas pécher que de prononcer son nom en ce lieu, nous vivons dans un temps où tout bon chevalier doit désirer de monter à cheval. Si vous exécutez cette promesse, jeune fille, je vous donnerai plein mon casque de besans, dès que j'en aurai à ma disposition.

— Je l'exécuterai, et vous pourrez reprendre vos

armes d'aujourd'hui en huit jours, si vous m'octroyez un autre don que ce que vous me promettez.

— Quel est ce don? S'il est tel qu'un chevalier chrétien puisse l'octroyer à une personne de votre nation, je le ferai avec plaisir et reconnaissance.

— C'est de croire à l'avenir qu'un juif peut rendre service à un chrétien sans attendre d'autre récompense que la bénédiction du père commun de tous les hommes, juifs et gentils.

— Ce serait un crime d'en douter, jeune fille; je compte entièrement sur votre savoir, et je ne doute pas que vous ne me mettiez en état d'endosser ma cuirasse dans huit jours. Mais permettez-moi de vous demander quelques nouvelles : que sont devenus le noble Saxon Cedric, les hommes de sa suite et l'aimable dame..... il s'arrêta un instant, comme s'il eût craint de profaner le nom de lady Rowena en le prononçant dans la maison d'un juif... : celle qui fut nommée reine du tournoi?

— Et que vous choisîtes pour remplir cette dignité, sire chevalier, avec un discernement qu'on n'admira pas moins que votre valeur.

Le sang qu'avait perdu Ivanhoe n'empêcha pas une légère rougeur de teindre ses joues, quand il vit qu'il avait laissé apercevoir le tendre intérêt qu'il prenait à lady Rowena, par les efforts mêmes qu'il avait faits pour le cacher.

— C'était moins d'elle que je voulais parler, que du prince Jean, reprit-il : et je voudrais aussi avoir quelques nouvelles de mon fidèle écuyer. Pourquoi n'est-il pas près de moi?

— Permettez-moi, dit Rebecca, de faire valoir l'autorité d'un médecin, pour vous enjoindre de garder le silence et d'éviter toutes les réflexions qui pourraient vous agiter, tandis que je vous rendrai compte de ce que vous désirez savoir. Le prince Jean a mis fin tout à coup au tournoi, et il est parti en toute hâte pour York, avec les nobles, les chevaliers et gens d'église de son parti, après avoir extorqué autant d'argent qu'il l'a pu, de gré ou de force, de ceux qu'on regarde comme les riches de la terre. On dit qu'il a dessein de s'emparer de la couronne de son frère.

— De Richard! s'écria Ivanhoe en faisant un effort pour se soulever. Ce ne sera pas sans qu'on rompe une lance pour sa défense, quand il ne resterait en Angleterre qu'un sujet fidèle. Je défierai le plus brave des champions de Jean; j'en combattrai deux en champ clos, si on le veut.

— Mais pour cela, dit Rebecca en lui touchant légèrement l'épaule, il faut vous livrer à mes soins, il faut éviter toute agitation d'esprit.

— Vous avez raison, jeune fille; je serai aussi tranquille que le permet le temps où nous vivons. Et que m'apprendrez-vous de Cedric et de sa suite?

— Son intendant est venu il y a quelques instans demander en toute hâte à mon père le prix des toisons des troupeaux de son maître. J'ai appris de lui que Cedric et Athelstane de Coningsburgh avaient quitté le palais du prince, fort mécontens, et qu'ils sont sur le point de retourner chez eux.

— Quelque dame les avait-elle accompagnés au banquet!

— Lady Rowena n'a point assisté au festin, dit la belle juive répondant à cette question avec plus de précision qu'on ne lui en avait demandé; d'après ce que j'ai appris de l'intendant, elle retourne à Rotherwood avec son tuteur Cedric. Quant à votre fidèle écuyer Gurth.....

— Ah! s'écria Ivanhoe, vous savez son nom. Mais en effet je me rappelle que c'est de votre main, de votre généreuse main, qu'il reçut hier cent sequins.

— Ne parlez pas de cela, dit Rebecca; je vois combien il est facile à la langue de trahir ce que le cœur voudrait cacher.

— Mais mon honneur exige que je rende cet argent à votre père, dit gravement Ivanhoe.

— Dans huit jours, vous ferez tout ce qu'il vous plaira, mais d'ici là ne parlez de rien, ne pensez à rien qui puisse retarder votre guérison.

— Noble étrangère, je serais un ingrat si je refusais de suivre vos avis. Mais un mot du pauvre Gurth, et je ne vous fais plus de questions.

— Je suis fâchée d'avoir à vous apprendre qu'il est dans les fers par ordre de Cedric; mais, ajouta-t-elle en voyant le chagrin que cette nouvelle causait à Ivanhoe, l'intendant Oswald m'a dit que, comme Gurth était un serf fidèle, qui jouissait des bonnes graces de son maître, et qui ne s'était rendu coupable que par son attachement au fils de son maître, il était sûr que Cedric lui pardonnerait, si nulle circonstance nouvelle ne venait ajouter à son mécontentement. Il m'a dit en outre que les compagnons de Gurth, et surtout le fou Wamba, avaient résolu de lui faciliter les moyens de s'échapper pendant la route, si la colère de Cedric ne s'apaisait pas.

— Fasse le ciel qu'ils y réussissent! dit Ivanhoe. Il semble que je sois destiné à porter malheur à tous ceux qui me témoignent de l'intérêt et de l'affection. Mon roi m'a honoré et distingué, et voilà son frère prêt à s'armer pour lui disputer sa couronne. Mes égards ont été funestes à la plus belle des femmes, et aujourd'hui mon père, dans un accès de colère, peut faire périr le serviteur fidèle qui ne l'a offensé que par zèle et par attachement pour moi. Vous voyez, jeune fille, quel infortuné vous secourez; hâtez-vous donc de l'abandonner à son sort, de peur d'être enveloppée par les malheurs qui le poursuivent avec tant d'acharnement.

— Votre état de faiblesse et votre chagrin, dit Rebecca, vous font mal interpréter les desseins du ciel. Vous avez été rendu à votre pays à l'instant où il avait besoin d'un cœur loyal et d'un bras vaillant; vous avez humilié l'orgueil de vos ennemis et de ceux de votre roi, au moment où cet orgueil ne connaissait plus de bornes; enfin vous voyez que le Très-Haut vous a trouvé, parmi les rangs de ceux même que vous méprisez le plus, une main capable de guérir vos blessures. Prenez donc courage, et croyez que le ciel vous a conservé pour opérer par votre bras quelque grand œuvre aux yeux de ce peuple. Adieu. Quand vous aurez pris le breuvage que je vais vous envoyer par Reuben, tâchez degoûter quelque repos, afin d'être en état de supporter demain la fatigue du voyage.

Ivanhoe se laissa convaincre par ces raisonnemens. Le breuvage que Reuben lui donna était une potion calmante et narcotique, qui lui procura un sommeil tranquille; et le lendemain matin la généreuse juive le trouva sans aucun symptôme de fièvre, et en état d'être transporté sans danger.

On le plaça dans la même litière qui l'avait ramené du tournoi, et l'on prit toutes les précautions possibles pour qu'il voyageât commodément. Il n'y eut qu'un seul point sur lequel Rebecca ne put obtenir qu'on eût suffisamment égard à la situation du blessé. Isaac, comme le voyageur enrichi de la dixième satire de Juvénal, avait toujours devant les yeux la crainte des voleurs ; il savait qu'outlaw saxon, ou noble pillard normand, personne ne se ferait scrupule de le dépouiller, il voyageait donc à grandes journées, ne s'arrêtant que rarement et laissant à peine à ses gens quelques instans pour prendre leurs repas. Il devança par ce moyen Cedric et Athelstane, qui étaient partis avant lui, mais qui avaient fait une longue halte au couvent de Saint-Withold. Cependant telle était la vertu du baume de Miriam, ou la force de la constitution d'Ivanhoe, qu'il ne résulta de cette marche aucun des inconvéniens que la belle juive en avait appréhendés.

Il est probable que le désir qui possédait Isaac de marcher à grandes journées avait encore un autre motif secret ; ce qui ne tarda pas à faire naître des querelles entre lui et les gens qu'il avait loués pour porter ses bagages et lui servir d'escorte. C'étaient des Saxons aimant la table et leurs aises comme tous leurs compatriotes, ce qui faisait que les Normands leur reprochaient d'être gourmands et paresseux. Faisant la contre-partie de Shylock, qui vivait aux dépens des chrétiens (1), c'était dans l'espoir de vivre aux dépens du juif qu'ils avaient accepté ses offres ; et ils virent que, grace à la rapidité avec laquelle ils voyageaient, ils seraient trompés dans leur calcul. Ils firent des représentations sur le tort que cette marche forcée pouvait faire à leurs chevaux ; mais Isaac n'y eut

(1) Shakspeare, *le Marchand de Venise*. — Éd.

aucun égard. Il s'éleva en outre une querelle très-vive sur la quantité de bière et de vin qui devait leur être allouée à chaque repas. Enfin il en résulta qu'à l'approche du danger qu'Isaac redoutait, il se trouva abandonné par les mercenaires mécontens sur la protection desquels il avait compté sans prendre les moyens nécessaires pour s'assurer de leur bonne volonté.

Ce fut dans cette situation que le juif, sa fille et le blessé furent rencontrés par Cedric et Athelstane, comme on l'a déjà dit, et tombèrent avec eux entre les mains de Bracy et de ses confédérés. On ne fit pas d'abord grande attention à la litière, et l'on n'aurait probablement pas songé à l'emmener, sans la curiosité de Bracy, qui crut qu'elle pouvait contenir l'objet pour lequel lui et les siens avaient concerté cette entreprise hasardeuse; car lady Rowena était couverte d'un voile, et il ne l'avait pas encore reconnue. Il ouvrit donc la litière, et ne fut pas peu surpris en y trouvant un chevalier blessé qui, se croyant tombé entre les mains d'outlaws saxons, et pensant que son nom pouvait être auprès d'eux une protection, lui dit franchement qu'il était Wilfrid d'Ivanhoe.

Malgré sa légèreté, et au milieu d'une vie déréglée, De Bracy avait toujours conservé quelques principes d'honneur chevaleresque. Loin de se porter à aucune voie de fait contre celui qu'il soupçonnait être son rival, et qui était hors d'état de se défendre, il se garda bien de le faire connaître à Front-de-Bœuf; car celui-ci ne se serait pas fait scrupule de donner la mort sur-le-champ à l'homme qui pouvait lui contester la possession du fief d'Ivanhoe. Mais, d'une autre part, rendre la liberté à un rival préféré par lady Rowena, comme les événemens du tournoi l'avaient assez prouvé, et comme il devait le savoir d'ailleurs, puisqu'il était de notoriété publique que telle était la cause qui l'avait fait bannir de la maison paternelle, c'était un effort au-dessus de sa générosité. Un terme moyen entre le bien et le mal fut tout ce dont il se sentit capable. Il plaça deux de ses écuyers de chaque côté de la litière, et leur ordonna de n'en laisser approcher personne. Si on les questionnait, ils devaient répondre que c'était la litière de lady Rowena, et qu'ils y avaient placé un de leurs camarades blessé dans le combat. En arrivant à Torquilstone, tandis que le maître du château et le templier n'étaient occupés que de leurs projets contre le juif et contre sa fille, les écuyers de Bracy transportèrent Ivanhoe dans un appartement écarté, et continuèrent à le faire passer pour un de leurs compagnons. Ils donnèrent cette excuse à Front-de-Bœuf lorsque, faisant sa ronde et les trouvant dans cette chambre, il leur reprocha de ne pas s'être rendus sur les murailles quand ils avaient entendu sonner l'alarme.

— Un compagnon blessé! s'écria-t-il d'un air mêlé de colère et de surprise; il n'est pas étonnant que des paysans et des yeomen osent assiéger des châteaux, ni que des bouffons et des porchers envoient des défis aux nobles, quand on voit des hommes d'armes devenir garde-malades. Aux murailles, misérables! aux murailles! ou je vous briserai les os avec ce bâton (1).

Ils lui répondirent avec fermeté qu'ils ne demandaient pas mieux que de courir à la défense du château, pourvu qu'il prît sur lui de les excuser auprès de leur maître,

(1) *Truncheon*, bâton de commandement. — Éd.

qui leur avait ordonné de veiller sur le moribond. — Le moribond! s'écria le baron : je vous garantis que nous le serons tous incessamment, si nous ne montrons pas plus de vigueur. Mais soyez tranquilles, je vais vous relever de garde. — Holà! Urfried, s'écria-t-il d'une voix de stentor, chienne de vieille, sorcière de Saxonne, ne m'entends-tu pas? Viens vite ici! prends soin de ce blessé, puisqu'il faut qu'on en ait soin. Et vous, faites usage de vos armes : voilà deux arbalètes, des tourniquets et des carreaux (1); courez à une barbacane, et et que chaque trait que vous décocherez perce le cœur d'un Saxon.

Les deux écuyers, qui, comme la plupart de leurs camarades, détestaient l'inaction autant qu'ils aimaient le combat, se rendirent avec joie au poste qui leur était assigné; et ce fut ainsi qu'Ivanhoe se trouva confié aux soins d'Urfried ou Ulrique, et cette femme, dont l'esprit n'était rempli que d'idées de ressentiment et de vengeance, se hâta de substituer Rebecca en sa place auprès du blessé.

(1) *The arblast* était une arbalète; *the windlace* (tourniquet), la machine destinée à bander cette espèce d'arc; et *the quarrell* (carreau), ainsi nommé à cause de sa tête carrée ou en forme de diamant, était le trait adapté à l'arbalète.

CHAPITRE XXIX.

« Au haut de cette tour, montez, vaillant soldat,
» Voyez, et dites-nous comment va le combat. »
SCHILLER. *La Pucelle d'Orléans.*

LE moment du péril est souvent aussi le moment où le cœur se livre à un penchant affectueux. Une agitation générale nous fait trahir, sans le vouloir, des sentimens que, dans un temps plus tranquille, nous aurions cachés, si nous avions pu nous en défendre. En se retrouvant près d'Ivanhoe, Rebecca fut surprise de la sensation de plaisir qu'elle éprouvait, quand tout était autour d'elle danger et presque désespoir. En lui tâtant le pouls, et en lui demandant des nouvelles de sa santé, ses accens étaient si touchans, qu'ils annonçaient qu'elle prenait plus d'intérêt au blessé qu'elle ne voulait se l'avouer à elle-même. Sa main tremblait, la parole expirait sur ses lèvres ; et ce ne fut que la froide question d'Ivanhoe, — Est-ce vous, jeune fille ? — qui la rappela à elle-même, en la forçant à se souvenir que le sentiment qu'elle éprouvait n'était pas et ne pouvait pas être partagé. Un soupir lui échappa, mais à peine put-on l'entendre ; et les questions qu'elle adressa au chevalier sur l'état de sa santé lui furent faites du ton calme de l'amitié. Ivanhoe lui répondit qu'il se trouvait mieux qu'il n'aurait osé l'espérer : — Grace à vos soins, chère Rebecca, ajouta-t-il.

— Il m'appelle chère Rebecca, se dit la jeune juive, mais c'est d'un ton froid et insouciant, qui s'accorde mal avec ses paroles. Son cheval de bataille, son chien de chasse lui sont plus chers que la juive méprisée.

— Les souffrances de mon corps, continua Ivanhoe, sont moins insupportables que les inquiétudes de mon esprit. D'après l'entretien de deux hommes d'armes qui sont restés près de moi jusqu'ici, j'avais appris que j'étais prisonnier ; et dans le chevalier qui vient de les rappeler j'ai reconnu le farouche Front-de-Bœuf, d'où je conclus que je suis dans son château. Si cela est, comment secourir lady Rowena et mon père ?

— Il ne parle ni du juif ni de sa fille, pensa Rebecca ; nous n'occupons pas la moindre place dans ses pensées. Le ciel me punit avec justice d'avoir si long-temps fixé les miennes sur lui.

Après s'être ainsi accusée elle-même, Rebecca lui communiqua tout ce qu'elle savait, c'est-à-dire que le templier Bois-Guilbert et Front-de-Bœuf commandaient dans le château ; qu'il était entouré d'ennemis, mais qu'elle ignorait qui étaient les assiégeans. Elle ajouta qu'un prêtre chrétien venait d'arriver au château, et que sans doute il était mieux instruit.

— Un prêtre chrétien! s'écria Ivanhoe; il faut que je le voie. Faites l'impossible pour le trouver et pour me l'amener, Rebecca. Dites-lui qu'un homme dangereusement blessé réclame ses secours spirituels; dites-lui tout ce que vous voudrez, mais faites en sorte que je le voie. Il faut que je fasse ou que j'essaie de faire quelque chose; mais comment puis-je prendre un parti sans savoir ce qui se passe au dehors?

Rebecca, par complaisance pour les désirs d'Ivanhoe, fit la tentative que l'arrivée d'Ulrique empêcha de réussir, comme on l'a déjà vu ; car toutes deux étaient aux aguets pour s'emparer du prétendu moine à son passage; et elle revint annoncer au jeune chevalier qu'elle avait échoué dans son projet.

Ivanhoe n'eut pas le loisir de se livrer long-temps à ses regrets. Le bruit qui régnait depuis quelque temps dans le château, et qui était occasioné par les préparatifs de défense, devint tout à coup plus considérable, et se changea en tumulte et en clameurs. Les pas précipités des hommes d'armes qui se rendaient sur les murailles, retentissaient dans les passages étroits et sur les escaliers qui conduisaient aux barbacanes et aux autres points de défense. On entendait les chevaliers animer leurs soldats, et leur indiquer ce qu'ils devaient faire; leur voix était souvent couverte par le cliquetis des armes et par les cris de ceux à qui ils s'adressaient. Quelque terrible que fût cette scène, qui le devenait encore davantage par l'idée de celle dont elle paraissait devoir être suivie, il s'y mêlait un sentiment sublime auquel l'ame exaltée de Rebecca pouvait s'ouvrir même en ce moment de terreur. Ses yeux étincelaient, quoique ses joues eussent perdu leurs couleurs, et il y avait dans sa voix un mélange de crainte et d'enthousiasme, tandis qu'elle répétait le texte sacré : — On voit briller la javeline et le bouclier ; on entend le sifflement des flèches, les ordres des capitaines et les cris des soldats. —

Mais Ivanhoe était comme le cheval belliqueux de ce passage sublime. Il frémissait de se voir réduit à l'inactivité ; il brûlait de prendre part au combat que ce bruit confus annonçait.

— Si je pouvais me traîner jusqu'à cette fenêtre, dit-il, pour voir du moins les nobles faits d'armes qui vont se passer !.... Si je pouvais décocher une flèche, lever une hache d'armes, ne fût-ce que pour en frapper un seul coup pour notre délivrance !..... Vœux superflus ! je suis sans force et sans armes !

— Ne vous agitez pas ainsi, noble chevalier, lui dit Rebecca. Le bruit a cessé tout à coup, et peut-être n'y aura-t-il pas de combat.

— Vous n'y connaissez rien, répondit Ivanhoe d'un ton d'impatience. Cet instant de silence prouve seulement que les hommes d'armes sont à leur poste sur les murailles, et attendent le moment de l'attaque. Ce que nous venons d'entendre n'était que le bruit précurseur de l'orage encore éloigné ; mais il va éclater dans toute sa fureur..... Oui, il faut que j'essaie de gagner cette fenêtre.

— Vous n'y réussirez pas, lui dit Rebecca, et vous retarderez votre guérison. Mais, voyant son inquiétude extrême : — Je vais m'y placer moi-même, ajouta-telle avec fermeté, et je vous rendrai compte de tout ce qui se passera au dehors.

— Vous n'en ferez rien : je vous défends de le faire, s'écria vivement Ivanhoe; chaque fenêtre, chaque ouverture va servir de point de mire aux archers, et un trait lancé au hasard.....

— Il sera bien venu, dit Rebecca à voix basse en montant quelques marches qui conduisaient à la fenêtre.

—Rebecca, chère Rebecca, continua Ivanhoe, il ne s'agit point ici de jeux de jeunes filles. Ne vous exposez pas à recevoir quelque blessure, le coup de la mort peut-être. Voudriez-vous que je me reprochasse à jamais d'en avoir été cause; que ce souvenir empoisonnât le reste de ma vie?..... Du moins couvrez-vous de cet ancien bouclier, et montrez-vous le moins possible.

Rebecca suivit avec promptitude ce dernier conseil, et, saisissant le bouclier, elle se plaça à la fenêtre, de manière que, sans courir un bien grand danger, elle pouvait voir tout ce qui se passait, et instruire Ivanhoe des préparatifs d'attaque que faisaient les assiégeans. La position de la chambre était particulièrement favorable à cet effet, parce que, placée à un angle du bâtiment principal, elle laissait voir tout ce qui se passait au dehors du château, et dominait même sur les fortifications extérieures, contre lesquelles les premiers efforts des assiégeans semblaient vouloir se diriger. C'était une redoute, qui n'était ni très-élevée, ni très-étendue, servant de défense à la poterne par où Front-de-Bœuf avait fait sortir Cedric. Un fossé séparait cette redoute du château; de sorte qu'en supposant que l'ennemi s'en emparât, il était facile de couper toute communication, en retirant quelques planches qui formaient une espèce de pont. Il y avait dans la redoute une porte de sortie correspondante à celle de la poterne, et le tout était entouré de fortes palissades. Rebecca remarqua, d'après le nombre d'hommes chargés de défendre ce point, que les assiégés craignaient d'être attaqués de ce côté; les principales forces des assiégeans se portant en face de cette redoute, il n'était pas moins évident qu'ils avaient le projet de l'emporter, et qu'ils regardaient ce point d'attaque comme celui qui leur promettait le plus de succès.

Elle fit part de ses observations à Ivanhoe, et ajouta: — Une troupe considérable d'archers est sur la lisière du bois, mais on ne peut juger de leur nombre, parce que la plupart sont cachés par les arbres.

— Sous quelle bannière marchent-ils? demanda Ivanhoe.

— Je n'aperçois ni bannières ni enseignes, répondit Rebecca.

— C'est une nouveauté bien singulière! Vit-on jamais marcher des guerriers contre un château-fort sans bannières déployées? Et pouvez-vous voir quels sont leurs chefs?

— Un chevalier couvert d'une armure noire est le plus remarquable: il est le seul qui soit armé de pied en cap, et tout ce qui l'entoure semble recevoir des ordres de lui.

— Quelles armes porte-t-il sur son bouclier?

— Quelque chose qui ressemble à une barre de fer et à un cadenas, le tout peint en bleu sur un fond noir.

— Des chaînes et un cadenas! Je ne sais qui peut

porter ces armes ; mais il me semble qu'elles pourraient être les miennes en ce moment. Pouvez-vous lire la devise ?

— A peine voit-on les armes à cette distance ; on ne les distingue même que lorsqu'un rayon de soleil frappe sur le bouclier.

— Et vous ne voyez point d'autres chefs ?

— Aucun que je puisse apercevoir de cet endroit ; l'autre côté du château est probablement attaqué aussi. Mais les voilà qui s'avancent. — Dieu de Sion, protégez-nous ! Quel spectacle effrayant ! Ceux qui marchent les premiers sont couverts d'énormes boucliers, et poussent en avant une espèce de mur de planches. Les autres les suivent en bandant leurs arcs ; ils y ajustent leurs flèches. Dieu de Moïse, pardonne aux créatures qui sont l'ouvrage de tes mains !

Elle fut interrompue en ce moment par le signal de l'attaque, donné par le son aigû des cors saxons, auquel les trompettes et les timbales normandes répondirent du haut des murs, pour prouver aux ennemis qu'on ne les redoutait point. Les cris des deux partis augmentaient le tumulte : *Saint Georges pour l'Angleterre,* du côté des assaillans ; —*en avant De Bracy ! —Beauseant! Beauseant! —Front-de-Bœuf à la rescousse!* du côté des assiégés, — suivant le cri de guerre de leurs divers chefs.

Ce n'était pourtant point par des cris que la querelle devait se vider ; et aux efforts désespérés des assaillans les assiégés opposèrent une résistance non moins vigoureuse. Les archers, habitués à faire usage de l'arc dans les bois, avaient le coup d'œil si juste, et tiraient avec tant de précision, que chaque ouverture dans les murailles où paraissait un de leurs défenseurs devenait le but d'une volée de flèches, dont plusieurs ne manquaient pas d'y pénétrer. Ils ne tiraient point au hasard, chaque flèche avait sa destination, et ils les dirigeaient vers les meurtrières et les embrasures où ils voyaient un ennemi et où ils pouvaient supposer qu'il devait y en avoir. Cette décharge bien soutenue tua deux ou trois hommes de la garnison, et en blessa plusieurs autres. Cependant, pleins de confiance dans leur armure à l'épreuve, et dans l'abri que leur situation leur procurait, les hommes d'armes de Front-de-Bœuf et de ses alliés montraient une obstination à se défendre, égale à l'acharnement de ceux qui les attaquaient, et faisaient pleuvoir sur eux une grêle continuelle de pierres, de flèches et de traits de toute espèce, qui causèrent aux assiégeans plus de mal qu'ils n'en pouvaient faire, parce qu'ils étaient moins bien armés et moins à l'abri. Le bruit du sifflement des flèches n'était interrompu que par les cris qui s'élevaient quand l'un ou l'autre parti essuyait une perte notable.

— Et il faut que je reste ici comme un moine dans son cloître ! s'écria Ivanhoe, tandis que d'autres jouent la partie qui doit me procurer la liberté ou la mort. Regardez encore une fois à la fenêtre, ma bonne Rebecca ; mais ayez bien soin de vous couvrir du bouclier. Regardez, et dites-moi si les assiégeans continuent à avancer.

Avec un courage fortifié par une prière qu'elle avait adressée mentalement au ciel pendant ce court intervalle, Rebecca se mit encore à la fenêtre, en prenant les précautions nécessaires pour ne pouvoir être aperçue du dehors.

— Hé bien, Rebecca, que voyez-vous ?

— Je ne vois qu'une nuée de flèches ; mes yeux en sont éblouis, et ne peuvent distinguer ceux qui les tirent.

— Ils ne réussiront pas s'ils ne cherchent à emporter le château de vive force. Que peuvent faire des flèches contre des murs et des boulevards de pierre ? Mais cherchez le chevalier au cadenas, belle Rebecca, voyez comment il se conduit, car tel chef, tels soldats.

— Je ne l'aperçois pas.

— Le lâche ! quitte-t-il le gouvernail dans le moment de l'ouragan ?

— Il ne le quitte point, il ne le quitte point ! je le vois maintenant. Il marche à la tête d'un corps de troupes vers la barrière extérieure de la barbacane (1). Ils renversent à coups de hache les pieux et les palissades. La grande plume noire du chevalier flotte au-dessus de la tête de tous ses compagnons, telle qu'un corbeau qui plane sur un champ de bataille. Ils ont fait une brèche à la barrière ; ils s'y précipitent...... Ils sont repoussés..... Front-de-Bœuf est à la tête de ceux qui défendent la barrière ; je reconnais sa taille gigantesque. — Les assaillans reviennent à la charge ; la brèche est attaquée et défendue corps à corps, homme à homme. Dieu de Jacob ! quel spectacle ! C'est le choc de deux fleuves, le conflit de deux océans que les vents poussent l'un contre l'autre !

(1) Les villes et les châteaux gothiques avaient, au-delà des murs extérieurs, une fortification composée de palissades, et appelée *la barrière* ou *les barrières*. C'était souvent le théâtre d'escarmouches sérieuses ; car il fallait emporter ces barrières avant de parvenir aux murailles. C'était aux barrières des places assiégées que se passaient plusieurs de ces hauts faits d'armes célébrés dans les pages chevaleresques de Froissard.

Elle détourna la tête un instant, ses yeux n'étant pas habitués à la vue de scènes si terribles.

— Regardez, Rebecca, dit Ivanhoe, qui se méprit sur la cause qui l'avait engagée à se retirer; on doit maintenant lancer beaucoup moins de flèches, puisqu'on en est venu aux mains; il y a moins de danger à présent : continuez à me dire ce qui se passe.

Rebecca regarda de nouveau : — Saints prophètes de la loi, s'écria-t-elle, Front-de-Bœuf et le chevalier noir combattent corps à corps sur la brèche, au milieu des cris de leurs soldats, qui semblent attendre l'événement de ce combat. — Que le ciel protège la cause du captif et de l'opprimé !

Poussant alors un grand cri : — Il est à bas ! dit-elle, il est à bas !

— Qui est à bas ? demanda vivement Ivanhoe : pour l'amour de la sainte Vierge, qui est à bas ?

— Le chevalier Noir, répondit Rebecca d'un ton de consternation; mais au même instant, poussant un cri de joie : — Non, non, s'écria-t-elle; — béni soit le Dieu des armées ! il se relève, il est debout, il combat comme si son bras avait la force de vingt guerriers. — Dieu ! son épée est brisée ! Il saisit la hache d'un yeoman. — Il presse Front-de-Bœuf, il lui porte coup sur coup. — Le géant chancelle, comme un chêne sous la cognée du bûcheron. — Il tombe ! — il est tombé !

— Qui ? Front-de-Bœuf ? s'écria Ivanhoe.

— Oui, Front-de-Bœuf. Ses hommes d'armes se précipitent à son secours; le fier templier est à leur tête; ils emportent Front-de-Bœuf dans le château. — Le champion noir est forcé de s'arrêter.

— Mais les assiégeans sont-ils établis dans l'intérieur des palissades ?

— Ils y sont, ils y sont ; ils pressent les assiégés contre les dernières barrières ; ils plantent des échelles pour les escalader, et montent sur les épaules les uns des autres ; on dirait un essaim d'abeilles. — On jette sur eux, du haut des murs, des pierres, des poutres, des troncs d'arbres. Quand on emporte un blessé, un autre combattant prend sa place. — Dieu tout-puissant ! as-tu créé l'homme à ton image, pour le voir détruire ainsi par la main de ses semblables ?

— N'y pensez point ! ce n'est pas le moment de se livrer à de telles pensées. Quel parti a l'avantage ?

— Les échelles sont renversées ; ceux qui les couvraient sont à terre, froissés, blessés. Les assiégés ont le dessus ?

— De par saint Georges, les assaillans sont-ils assez lâches pour fuir.

— Non, non, ils reviennent à la charge avec bravoure. Le chevalier Noir est toujours au premier rang. — Il s'approche de la poterne, la hache à la main. Entendez-vous les coups qu'il frappe ? ils retentissent au-dessus du bruit des armes et des cris des combattans. On fait pleuvoir sur lui une grêle de pierres et de pièces de bois ; mais il n'y songe pas plus que si c'était du duvet ou des plumes.

— Par saint Jean-d'Acre, dit Ivanhoe en se soulevant avec transport sur son lit, je croyais qu'il n'y avait qu'un homme en Angleterre capable d'agir ainsi.

— La porte de la poterne se brise, dit Rebecca ; elle est enfoncée ; on s'y précipite ; la fortification extérieure est au pouvoir des assiégeans. — O mon Dieu ! ils précipitent dans le fossé ceux qui la défendaient. O hommes ! si vous êtes véritablement des hommes, épargnez ceux qui ne peuvent plus se défendre.

— Mais le pont, le pont qui communique au château, les assaillans en sont-ils maîtres ?

— Non. Le templier, après être rentré au château avec quelques hommes de sa suite, a brisé les planches mobiles qui le formaient. Vous entendez des cris qui vous annoncent le destin de ceux qui n'ont pu le suivre. Hélas ! je vois que la victoire offre un spectacle encore plus douloureux que le combat.

— Que fait-on maintenant ? Regardez bien. Ce n'est pas en de pareils instans que l'effusion du sang doit faire détourner les yeux.

— On n'en verse plus, dit Rebecca : nos amis se fortifient dans la barrière qu'ils ont conquise, et qui leur offre un abri contre les traits des assiégés. La garnison se borne à décocher contre eux quelques flèches de temps en temps, plutôt pour les inquiéter que pour leur nuire, car elles ne peuvent les atteindre.

— Nos amis n'abandonneront sûrement pas une entreprise si glorieusement couronnée d'un premier succès. J'ai grande confiance dans le brave chevalier dont la hache a terrassé Front-de-Bœuf, et renversé la porte de la poterne. Je n'aurais jamais cru qu'il existât deux hommes doués d'une telle force et d'un tel courage. Une barre de fer et un cadenas sur un fond champ de sable ! Que peuvent signifier ces armoiries ? ne voyez-vous pas autre chose qui puisse faire reconnaître le chevalier Noir ?

— Non. Toute son armure est noire comme l'aile du corbeau. Aucun autre signe extérieur ne le distingue. Mais, après l'avoir vu déployer sa vigueur et sa bravoure dans le combat, je crois que je le reconnaîtrais au milieu de mille guerriers. Il s'élance dans la mêlée avec le même sang-froid que s'il se rendait à un banquet. On voit en lui plus que la force du corps : toute son ame, toute son énergie semblent concentrées dans chaque coup qu'il porte à un ennemi. Que Dieu lui pardonne le sang qu'il a versé ! C'est un spectacle terrible et sublime de voir comment le bras et le cœur d'un seul homme peuvent triompher d'une multitude.

— Rebecca, vous venez de peindre un héros. Mais sans doute les assaillans ne prennent cet instant de repos que pour réparer leurs forces ou pour se préparer à passer le fossé. Sous un chef tel que le leur, ni la crainte ni les périls ne peuvent les faire renoncer à leur noble entreprise, puisque les difficultés ne font que la rendre plus glorieuse. Je jure par la dame de mes pensées que je consentirais à souffrir dix ans de captivité, pour combattre une journée à côté de ce brave chevalier, en pareille occasion.

— Hélas ! dit la jeune juive en se retirant de la fenêtre et en s'approchant du lit du blessé, ces désirs impatiens, cette soif de gloire qui vous tourmente, ces regrets sur votre état de faiblesse, ne peuvent que retarder votre guérison ! Comment pouvez-vous songer à infliger des blessures aux autres, avant que celles que vous avez reçues soient fermées.

— Vous ne pouvez comprendre, Rebecca, combien il est impossible à l'homme nourri dans le véritable esprit de la chevalerie, de se voir enchaîné dans l'inaction comme une femme, quand des prouesses de bravoure se passent presque sous ses yeux. L'amour des combats est l'essence de notre vie : la poussière qui s'elève au milieu de la mêlée est l'atmosphère dans laquelle nous respirons librement. Nous ne vivons, nous ne désirons vivre qu'autant que nous sommes victorieux, que nous acquérons du renom. Telles sont, jeune fille, les lois de la chevalerie, auxquelles nous jurons d'obéir, et auxquelles nous sacrifions tout ce que nous avons de plus cher.

— Hélas! vaillant chevalier, dit la belle juive, n'est-ce pas un sacrifice fait au démon de la vaine gloire, une offrande passée par le feu pour être présentée à Moloch? Quand la mort a brisé la lance de l'homme de guerre, et l'a renversé de son cheval de bataille, que vous reste-t-il pour prix du sang que vous avez versé, des fatigues et des travaux auxquels vous vous êtes livré, des pleurs que vos hauts faits ont fait couler?

— Ce qu'il nous reste! s'écria Ivanhoe, ce qu'il nous reste! la gloire, jeune fille, la gloire qui dore nos tombeaux, et qui immortalise notre nom!

— La gloire! reprit Rebecca: hélas! c'est le trophée d'armes rongées de rouille, suspendu sur le monument qui couvre les restes du guerrier; c'est l'inscription effacée par le temps, et que le moine ignorant peut à peine lire au voyageur. Sont-ce là des récompenses suffisantes pour le sacrifice des plus douces affections, pour une vie passée misérablement à rendre les autres misérables? Les vers grossiers d'un barde errant ont-ils des attraits assez puissans pour faire immoler les plus tendres sentimens de la nature, la paix et le bonheur, au désir de devenir le héros de quelqu'une de ces ballades que de vagabonds ménestrels vont chanter aux tables des grands, tandis que les convives s'enivrent de flots de bière et de vin.

— Par l'ame d'Hereward (1)! jeune fille, s'écria le chevalier d'un ton d'impatience, vous parlez de choses que vous ne connaissez point. Vous voudriez éteindre le feu pur de la chevalerie; ce qui distingue le noble du vilain, le chevalier du paysan et du sauvage; ce qui rend la vie moins précieuse que l'honneur; ce qui nous fait supporter les fatigues, les travaux et les souffrances; ce qui nous apprend à ne rien craindre que l'infamie. Vous n'êtes pas chrétienne, Rebecca, et vous ne pouvez apprécier ces sentimens élevés qui font palpiter le sein d'une noble demoiselle, quand son amant a fait quelque prouesse qui justifie l'amour qu'elle a pour lui. La chevalerie! c'est elle qui nourrit l'affection la plus vive et la plus pure, c'est elle qui secourt les opprimés, qui redresse les torts, qui réprime la tyrannie. Sans elle la noblesse ne serait qu'un vain nom, et la liberté trouve sa meilleure protection dans sa lance et son épée.

— En effet je suis sortie d'une race, dit Rebecca, dont le courage s'est distingué pour défendre son pays; mais qui, même quand elle avait une patrie, ne faisait la guerre que par l'ordre de Dieu, ou pour se défendre de l'oppression. Mais le son de la trompette guerrière n'éveille pas Juda, et ses enfans méprisés gémissent sous le joug de la servitude. Vous avez raison, sire chevalier; jusqu'à ce que le Dieu de Jacob suscite pour son peuple choisi un autre Gédéon, un nouveau Machabée, il ne convient pas à une juive de parler de guerres et de combats.

(1) L'auteur a appelé Hereward le père de Cedric, il y avait un Hereward, vaillant Saxon, espèce de chevalier errant contemporain de Guillaume-le-Bâtard. Il était absent de l'Angleterre lors de la conquête. — Éd.

Rebecca, aussi sensible que fière, prononça cette phrase du ton d'affliction convenable à ce qu'elle éprouvait en songeant à la dégradation à laquelle sa nation était réduite, et peut-être s'y joignait-il un nouveau dégré d'amertume, en pensant qu'Ivanhoe la regardait comme n'ayant pas le droit de parler de tout ce qui concernait l'honneur, et comme incapable d'en exprimer les sentimens généreux.

— Qu'il connaît mal ce cœur, pensa-t-elle, s'il s'imagine qu'il nourrit la bassesse ou la lâcheté, parce que j'ai critiqué la chevalerie romanesque des Nazaréens! Plût au ciel que mon sang, versé goutte à goutte, pût racheter la captivité de Juda! Plût au ciel qu'il pût délivrer des chaînes de l'oppression et mon père et ce Nazaréen qui fut son bienfaiteur! Ce fier chevalier verrait alors si une fille du peuple choisi de Dieu ne saurait pas mourir avec autant de courage que la plus fière Nazaréenne, vaine d'une noblesse qu'elle tire de quelque chef grossier des régions glaciales du Nord!

Jetant alors les yeux sur Ivanhoe : — Il dort, dit-elle, la nature épuisée lui a procuré le repos qu'il fuyait, et qui lui est si nécessaire. Hélas! suis-je coupable de le regarder, quand c'est peut-être pour la dernière fois? Encore quelques instans, et il est possible que ces traits si nobles ne soient plus animés par l'ame de feu qui leur prête tant de dignité, même pendant le sommeil ; que ces yeux soient éteints, ces lèvres décolorées, ces joues livides, et que le plus vil des scélérats qui habitent ce château foule aux pieds les restes inanimés du plus brave et du plus noble des chevaliers, dont la fierté ne pourra plus alors se venger de cette insulte! Et mon père! ô mon père! faut-il que les tresses blondes d'un jeune

Nazaréen me fassent oublier tes cheveux blancs? Que sais-je si tous les malheurs qui nous arrivent ne sont pas les avant-coureurs du courroux de Jéhovah, contre la fille dénaturée qui pense à la captivité d'un étranger plus qu'à celle de l'auteur de ses jours ; qui oublie la désolation de Juda, et qui s'occupe à contempler les traits séduisans d'un Nazaréen? Mais j'arracherai cette faiblesse de mon cœur, dût cet effort me coûter la vie ?

Elle s'enveloppa de son voile, s'assit à quelque distance du lit du blessé, en se tournant du côté de la fenêtre, et chercha à s'armer de courage, non-seulement pour supporter les dangers qui la menaçaient, mais pour résister aux sentimens qui remplissaient son cœur, et qu'elle craignait encore davantage.

CHAPITRE XXX.

« Entre dans cette chambre, et vois ce lit de mort.
» Ce n'est point un esprit qui, d'un tranquille essor,
» Accompagné de vœux, de soupirs et de larmes,
» Vers le ciel qui l'attend s'élève sans alarmes ;
» Anselme fait au monde un adieu différent. »

Ancienne tragédie.

PENDANT l'intervalle de repos qui suivit le premier succès des assiégeans, tandis qu'un parti se préparait à profiter de ses avantages, et que l'autre s'entourait de nouveaux moyens de défense, le templier et Bracy tinrent conseil dans la grande salle du château.

— Où est Front-de-Bœuf? demanda le dernier, qui avait présidé à la défense du château de l'autre côté. Est-il vrai qu'il ait été tué, comme on vient de me le dire?

—Il vit encore, répondit froidement le templier; mais quand il aurait eu la tête de taureau qu'il porte sur ses armes, et dix plaques de fer par-dessus, il aurait succombé sous le dernier coup de hache qu'il a reçu. Encore quelques heures, et Front-de-Bœuf sera avec ses pères. C'est une grande perte pour les projets du prince Jean.

—Et un gain tout clair pour l'empire de Satan, dit Bracy: voilà ce qui arrive quand on méprise les saints et les anges, et qu'on ordonne de jeter leurs statues du haut des murs sur la tête de cette canaille d'archers.

—Tu n'es qu'un fou! s'écria le templier. Ta superstition peut aller de pair avec le manque de foi de Front-de-Bœuf. Aucun de vous n'est en état de rendre compte des motifs de sa croyance ou de son incrédulité.

—*Benedicite*, sire templier, s'écria de Bracy; ménagez, je vous prie, vos expressions, quand il vous plaît de parler de moi. Par la mère de Dieu, je suis meilleur chrétien que vous et qu'aucun membre de votre ordre, car le bruit est généralement répandu que le *très-saint ordre du Temple de Sion* ne nourrit pas peu d'hérétiques dans son sein, et que le sire de Bois-Guilbert est de ce nombre.

—Ne te mets pas en peine de ces bruits, et songeons aux moyens de défendre le château. Comment cette canaille d'yeomen s'est-elle battue de votre côté?

—En démons incarnés: ils se sont avancés jusque sous les murailles, conduits, à ce que je crois, par le drôle qui gagna le prix de l'arc au tournoi, car j'ai reconnu son cor et son baudrier. Et voilà le fruit de la politique si vantée du vieux Fitzurse; elle encourage ces misérables à se révolter contre nous. Le coquin m'a pris sept fois pour but, et pas une de ses flèches n'a manqué de me toucher. Si je n'avais eu une armure à l'épreuve et une cotte de mailles d'Espagne, il m'aurait percé avec aussi peu de remords que si j'eusse été un daim de ces bois.

— Mais vous avez maintenu votre poste; et, du côté de Front-de-Bœuf, nous avons perdu la barrière, malgré le secours que je lui ai porté.

— C'est un grand malheur, parce que l'ennemi, s'y trouvant à couvert, pourra assaillir le château de plus près. A moins qu'on ne les surveille bien, ces misérables pourront s'introduire par quelque fenêtre oubliée, par quelque tour non gardée, car nous avons trop peu de monde pour défendre tous les points. Et une fois dans le château, comment leur résister? D'ailleurs nos gens se découragent : ils se plaignent de ne pouvoir se montrer un instant nulle part sans servir de but à une grêle de flèches : de plus, Front-de-Bœuf se meurt, et sa valeur brutale ne peut plus nous aider. Il me semble donc, sir Brian, que nous devons faire de nécessité vertu, et traiter avec ces drôles en leur rendant nos prisonniers.

— Comment! s'écria le templier, rendre nos prisonniers; servir partout de jouet, comme des gens qui ont dirigé une attaque nocturne, par surprise, contre des voyageurs sans défense, et qui n'ont pas su se maintenir dans un château fort contre une troupe de vagabonds et d'outlaws! conduits par des gardiens de pourceaux, par des fous, par le rebut du genre humain! Ce serait une honte, Maurice de Bracy; les ruines de ce château m'enseveliront avant que je consente à une semblable capitulation!

— Retournons donc aux murailles, reprit De Bracy d'un air insouciant : il n'a jamais existé personne, fût-il Turc ou templier, qui fasse moins de cas de la vie que moi ; mais je crois qu'il n'y a pas de honte à regretter de n'avoir pas ici quelques douzaines de cavaliers de ma compagnie franche. O mes braves lances ! si vous saviez dans quelle passe se trouve votre capitaine, comme je verrais bientôt paraître ma bannière à la tête de votre escadron, et comme ces misérables fuiraient de toutes parts, plutôt que de s'exposer à soutenir votre charge !

— Regrettez tout ce qu'il vous plaira ; mais défendons-nous comme nous le pouvons avec les soldats qui nous restent. La plupart sont de la suite de Front-de-Bœuf, et ils se sont fait détester des Saxons par mille traits d'insolence et d'oppression.

— Tant mieux ! ils sentiront qu'ils doivent se défendre jusqu'à la dernière goutte de leur sang, plutôt que de s'exposer à éprouver la vengeance des paysans qui nous attaquent. A notre poste donc, Brian de Bois-Guilbert, et vous verrez Maurice de Bracy se comporter en chevalier de haute valeur et de noble lignage.

— Aux murailles ! s'écria le templier ; et ils y montèrent tous deux, afin de prendre pour la défense de la place toutes les mesures que l'expérience pouvait inspirer, et que le courage pouvait exécuter. Ils tombèrent d'accord sur-le-champ que le point le plus exposé était le poste en face de la barrière dont les assaillans s'étaient emparés. Il est vrai que le château en était séparé par un fossé, et il était impossible qu'ils attaquassent la poterne du fort, située en face de celle de la barbacane, sans avoir surmonté cet obstacle ; mais le templier et De Bracy pensèrent tous deux qu'ils s'efforceraient, par une attaque formidable dirigée de ce côté, d'y attirer toutes les forces du château, pour tâcher d'y pénétrer par surprise sur un autre point. Tout ce qu'ils purent faire pour se mettre en garde contre cette ruse de guerre, vu le petit nombre de leurs gens, fut de placer de distance en distance des sentinelles correspondant l'une avec l'autre, en les chargeant de donner l'alarme à la moindre apparence de danger. Ils convinrent en outre que De Bracy se chargerait de défendre la poterne, tandis que le templier, à la tête d'un corps de réserve d'une vingtaine d'hommes, se tiendrait prêt à se porter partout où l'on pourrait avoir de besoin de secours.

Un autre fâcheux résultat de la prise de la barbacane, c'était que, malgré la hauteur supérieure des murs du château, les assiégés ne pouvaient voir avec la même précision qu'auparavant les opérations de l'ennemi; car la porte de sortie de cet ouvrage avancé touchait au bois, de sorte que les assaillans pouvaient y introduire de nouvelles forces, non-seulement sans que les assiégés en eussent connaissance, mais sans qu'ils fussent exposés à leurs traits. Ne sachant donc ni sur quel point l'orage pouvait éclater, ni à quel nombre d'ennemis ils allaient avoir affaire, les deux chevaliers furent obligés de prendre des mesures contre tout événement possible, et leurs soldats, quelque braves qu'ils fussent, éprouvaient l'inquiétude et le découragement auxquels s'abandonnent assez naturellement des hommes environnés d'ennemis qui peuvent diriger l'attaque à leur gré.

Pendant ce temps le seigneur du château assiégé était sur son lit, et en proie à toutes les douleurs du corps et de l'ame. Il n'avait pas la ressource ordinaire des dévots de ce siècle superstitieux, qui croyaient racheter tous leurs crimes par quelques legs à un monastère, et étouffer la voix du remords par ce mode facile d'expiation et de pénitence. Quoique l'espèce de tranquillité qu'on obtenait à pareil prix ne ressemblât pas plus à la paix du cœur qui suit un repentir sincère, que l'engourdissement produit par l'opium ne ressemble à un sommeil naturel, cette situation d'esprit était pourtant encore préférable à l'agonie du remords. Mais parmi les vices de Front-de-Bœuf, l'avarice était le plus dominant, et il n'aurait pas sacrifié un besant d'or pour le pardon de tous ses crimes. Le moment était pourtant arrivé où la terre et tous ses trésors allaient s'évanouir de devant ses yeux, et son cœur, dur comme la pierre, commença à connaître l'épouvante, quand ses yeux voulurent pénétrer le sombre abîme de l'avenir. La fièvre qui le dévorait ajoutait aux angoisses de son esprit, et son lit de mort offrait un mélange terrible des remords qui s'éveillaient en lui pour la première fois, et des passions invétérées qui cherchaient encore à les écarter. Affreuse situation, et qui ne peut se comparer qu'à celle qu'on éprouve dans ces régions épouvantables où il y a des plaintes sans espérance, des remords sans repentir, un sentiment horrible des maux actuels, et une certitude qu'ils ne peuvent ni cesser ni diminuer !

—Où sont maintenant, dit-il en grinçant des dents, où sont ces chiens de prêtres, qui vendent si cher leurs indulgences et leurs absolutions? où sont ces carmes déchaussés, pour qui le vieux Front-de-Bœuf a fondé le couvent de Sainte-Anne, faisant ainsi un vol de belles et bonnes terres, à moi, son héritier légitime? Où sont ces chiens affamés? ils s'enivrent dans leur cloître, ou jouent quelqu'un de leurs tours près du lit d'un paysan moribond. Moi, le fils de leur fondateur, moi, pour qui leur fondation les oblige de prier, moi!... Les misérables ingrats! me laisser mourir sans prières et sans absolution, comme un chien qui n'a ni maître ni abri!..... Qu'on me fasse venir le templier : c'est une espèce de prêtre; il peut entendre ma confession. Quelle folie! autant vaudrait me confesser au diable qu'à Brian de Bois-Guilbert, qui ne croit ni au ciel ni à l'enfer. — J'ai ouï des vieillards parler de prier...... de prier eux-mêmes : on n'a pas besoin de prêtre pour cela. — Mais moi, prier. — Oh! je n'ose.

— Reginald Front-de-Bœuf vit-il donc pour dire qu'il existe quelque chose qu'il n'ose faire? s'écria près de son lit une voix aigre et cassée.

Affaibli par ses blessures, et bourrelé de remords, Front-de-Bœuf, ainsi interrompu dans son soliloque, crut entendre la voix d'un de ces démons que la superstition de ce siècle peignait comme assiégeant le lit des mourans pour distraire leur esprit, et les empêcher de se livrer à des pensées dont pouvait dépendre leur salut éternel. Il frémit d'abord, et ses membres se couvrirent d'une sueur froide; mais reprenant bientôt sa résolution ordinaire : — Qui est là? s'écria-t-il; qui es-tu, toi qui oses répéter mes paroles avec un accent plus funeste que celui des oiseaux de la nuit? Approche-toi, que je puisse te voir!

— Je suis ton mauvais ange, Reginald, répondit la voix.

— Prends donc une forme qui te rende visible à mes yeux, dit le chevalier mourant, et ne crois pas que ta vue puisse m'intimider. Par l'éternelle prison! si je pouvais lutter contre les horreurs qui m'entourent, comme je l'ai fait contre les dangers de ce monde, le ciel et l'enfer ne pourraient se vanter de m'avoir fait reculer.

— Pense à tes crimes, Reginald ! — Rébellion, rapine, meurtre. — Qui a excité Jean, ce prince sans honneur, à se révolter contre son père à cheveux blancs, — contre son généreux frère ?

— Que tu sois un sorcier ou un diable, s'écria Front-de-Bœuf, tu en as menti par la gorge ! ce n'est pas moi qui ai excité Jean à la rébellion ; ce n'est pas moi seul, du moins. Cinquante barons, la fleur de la chevalerie, les meilleures lances qu'on pût trouver, lui en ont donné le conseil. Dois-je moi seul répondre des fautes de tous? Être infernal, qui que tu sois, je te défie. Retire-toi ! Si tu es un mortel, laisse-moi mourir en paix ; si tu es un démon, ton heure n'est pas encore venue.

— Tu ne mourras pas en paix : même à l'instant de la mort, tous tes crimes se représenteront à toi ; — tu entendras les gémissemens dont les voûtes de ce château ont retenti ; — tu verras le sang dont les pierres sont encore imprégnées.

— Ne crois pas m'intimider par de vains mots, répondit Front-de-Bœuf avec un rire forcé. Le juif mécréant, — ce sera pour moi un mérite près du ciel de l'avoir traité comme je l'ai fait ; sans quoi, pourquoi canoniserait-on ceux qui vont tremper leurs mains dans le sang des Sarrasins ? — Les porchers saxons, si je les ai tués, c'est qu'ils étaient ennemis de mon pays, de mon lignage, et de mon seigneur suzerain. Ah ! ah ! tu vois que tu ne peux trouver le défaut de mon armure. — Es-tu parti ? es-tu réduit au silence ?

— Non, infame parricide, répondit la voix : pense à ton père ! — pense à sa mort ! — pense à la salle où il prit son dernier repas, et qui fut teinte de son sang, — de son sang répandu par la main de son fils !

— Ah ! s'écria le baron après quelques instans de silence, puisque tu sais cela, tu es véritablement le père du mal, et tu sais toutes choses, comme les moines le disent. Je croyais ce secret renfermé dans mon sein et dans celui d'une autre personne, de ma tentatrice, de la complice de mon crime. — Laisse-moi, démon, va trouver la sorcière saxonne Ulrique; elle seule peut te dire ce qui n'a eu d'autre témoin qu'elle et moi; va trouver celle qui effaça toutes les traces du crime, qui lava les blessures, qui ensevelit le cadavre, qui donna à une mort violente les apparences d'une mort naturelle; va trouver celle qui fut la provocatrice, l'affreuse récompense de ce forfait : qu'elle ait, comme moi, un avant-goût des tortures que nous réserve l'enfer !

— Elle les éprouve déjà, dit Ulrique en ouvrant les rideaux et en se montrant à ses yeux; depuis longtemps elle boit dans cette coupe; mais elle la trouve moins amère en voyant que tu la partages. — Ne grince pas les dents, Front-de-Bœuf, ne roule pas ainsi les yeux, ne prends pas un air menaçant; songe que ton bras, naguère si terrible, est maintenant sans force, et que cette Ulrique, que tu as osé mépriser, domine en ce moment sur toi.

— Détestable scélérate ! digne fille de l'enfer ! s'écria Front-de-Bœuf : c'est donc toi qui viens jouir de la vue des ruines qui furent aussi ton ouvrage !

— Oui, Reginald, c'est Ulrique, c'est la fille de Torquil Wolfganger, c'est la sœur de ses fils assassinés dans ce château avec leur père, qui vient réclamer de toi et de ta maison, son père, ses frères, son honneur, son nom, tout ce qu'elle a perdu par la main des Front-de-Bœuf. Pense aux injures que j'ai reçues, et réponds-moi si je ne dis pas la vérité. Tu as été mon mauvais ange; je veux être le tien, et mes malédictions t'accompagneront jusqu'à ton dernier soupir.

— Abominable furie! s'écria Front-de-Bœuf, tes yeux ne verront pas cet instant. Holà, Giles, Clément, Eustache, Saint-Maur, Étienne! qu'on saisisse cette détestable sorcière, et qu'on la précipite du haut des murs! Eh bien, où êtes-vous donc, traîtres? pourquoi n'obéissez-vous pas à ma voix?

— Tu peux les appeler, vaillant baron, lui dit la vieille avec un sourire moqueur : menace-les de la prison et de la mort, s'ils n'exécutent pas tes ordres; mais apprends que tu ne recevras d'eux ni réponse ni secours. Écoute, ajouta-t-elle en s'interrompant un instant, n'entends-tu pas le bruit des armes, les cris des combattans? Ces sons horribles ne t'annoncent-ils pas qu'on donne l'assaut au château, ne te prédisent-ils pas la chute de ta maison? La puissance des Front-de-Bœuf, cette puissance cimentée par le sang, chancèle dans ses fondemens, et va s'écrouler sous les coups des ennemis qu'il méprise le plus. Les Saxons, Reginald, les Saxons attaquent tes murs? Pourquoi restes-tu oisif, tandis que le Saxon donne l'assaut à ta forteresse?

— Dieux et démons, s'écria le chevalier, rendez-moi un instant mes forces, que je me jette dans la mêlée, et que je périsse d'une manière digne de mon nom!

— N'y pense point, vaillant guerrier; tu ne mourras point de la mort des braves; tu périras comme le renard, quand des paysans ont enfumé sa tanière.

— Tu mens, odieuse sorcière : mes hommes d'armes

sauront repousser l'ennemi; mes murailles sont fortes et élevées, et mes deux amis ne craindraient pas une armée de Saxons, quand elle aurait pour chefs Hengist et Horsa. Le cri de guerre du templier et de la compagnie franche s'élève au-dessus de tous les autres. La victoire est à nous, et, sur mon honneur, le feu de joie que nous allumerons pour célébrer notre triomphe consumera jusqu'à tes os; je vivrai assez pour apprendre que tu es passée des feux de ce monde dans ceux de l'enfer, qui n'a jamais vomi sur la terre un démon plus exécrable.

— Jouis de cette espérance, dit Ulrique avec un sourire infernal, je t'attends à la preuve. Mais non, ajouta-t-elle en s'interrompant, il faut que tu connaisses dès à présent le sort qui t'attend, le sort que ta puissance, ta force et ton courage ne sauraient t'éviter, quoiqu'il te soit préparé par cette faible main. Ne remarques-tu pas cette vapeur épaisse et suffoquante qui commence déjà à remplir cette chambre? Crois-tu que ce soit tes yeux qui s'obscurcissent, ta respiration qui devienne plus difficile? Non, Front-de-Bœuf, cette fumée a une autre cause; te souviens-tu que le magasin à bois est situé sous cet appartement?

— Femme! s'écria-t-il avec fureur, tu n'y as pas mis le feu?.... mais, de par le ciel! c'est bien la fumée que je sens, et le château est en flammes.

— Elles ne tarderont pas du moins à s'élever dans les airs, dit Ulrique du ton le plus calme, et un signal va avertir les assiégés de profiter du moment, si les défenseurs du château s'occupent à éteindre l'incendie. Adieu, Front-de-Bœuf, puissent Mista, Skogula, Zernebock, tous les dieux des anciens Saxons, qui sont les démons, à ce que disent les prêtres, te servir de consolateurs à ton lit de mort, sur lequel Ulrique t'abandonne! Apprends pourtant, si c'est une consolation pour toi, qu'Ulrique va faire le même voyage; elle doit partager ton châtiment, comme elle a partagé tes crimes. — Maintenant, parricide, adieu pour toujours. Puisse chaque pierre de cette voûte trouver une langue pour répéter ce mot à ton oreille!

En parlant ainsi elle sortit de la chambre, et Front-de-Bœuf entendit le bruit du double tour qu'elle fermait, et de la clef qu'elle retira ensuite de la serrure, pour lui ôter jusqu'à la moindre chance de salut. Le chevalier, désespéré, appela à grands cris ses serviteurs et ses amis, qui ne pouvaient l'entendre. — Étienne, Saint-Maur, Clément, Giles, me laisserez-vous consumer par les flammes sans me secourir?..... Brave Bois-Guilbert, vaillant De Bracy, au secours! au secours! c'est votre ami qui vous appelle! Abandonnerez-vous votre allié, votre frère d'armes, chevaliers parjures et sans foi?.... Et vous, perfides vassaux, n'obéirez-vous pas aux ordres de votre maître? Que toutes les malédictions dues aux traîtres tombent sur votre tête, vous tous qui me laissez périr aussi misérablement! — Mais ils ne m'entendent pas, ils ne peuvent m'entendre; le bruit du combat couvre ma voix. La fumée devient plus épaisse que jamais. — Oh! que ne puis-je respirer l'air pur un instant, fût-ce au prix de mon anéantissement! — De par le ciel! la flamme perce à travers le plancher, — le démon marche contre moi sous les bannières de son élément. — Loin d'ici, esprit du mal; je ne puis te suivre sans mes compagnons; tout ce qui est dans ces murs t'appartient. Crois-tu n'entraîner que Reginald Front-de-Bœuf? Non, l'infidèle templier, le libertin De Bracy, l'infame Ulrique, les hommes d'armes qui m'ont aidé dans mes entreprises, les chiens de Saxons et les maudits juifs qui sont mes prisonniers, tous, tous doivent te suivre avec moi. Ne sera-ce pas une belle et brillante escorte sur la route des enfers ? Il poussa en même temps un éclat de rire convulsif qui fut répété par les échos de ce vaste appartement. — Qui ose rire ici ? s'écria-t-il. Est-ce toi, Ulrique ? Toi seule, ou Satan lui-même, vous êtes capables de rire en un pareil moment. Éloigne-toi ! éloigne-toi !.....

Mais ce serait une impiété de rester plus long-temps auprès du lit de mort du blasphémateur et du parricide.

FIN DU TOME DEUXIÈME D'IVANHOE.

ŒUVRES COMPLÈTES
DE
SIR WALTER SCOTT.

Cette édition sera précédée d'une notice historique et littéraire sur l'auteur et ses écrits. Elle formera soixante-douze volumes in-dix-huit, imprimés en caractères neufs de la fonderie de Firmin Didot, sur papier jésus vélin superfin satiné; ornés de 72 *gravures en taille-douce* d'après les dessins d'Alex. Desenne; de 72 *vues* ou *vignettes* d'après les dessins de Finden, Heath, Westall, Alfred et Tony Johannot, etc., exécutées par les meilleurs artistes français et anglais; de 30 *cartes géographiques* destinées spécialement à chaque ouvrage; d'une *carte générale de l'Écosse*, et d'un *fac-simile* d'une lettre de Sir Walter Scott, adressée à M. Defauconpret, traducteur de ses œuvres.

CONDITIONS DE LA SOUSCRIPTION.

Les 72 volumes in-18 paraîtront par livraisons de 3 volumes de mois en mois; chaque volume sera orné d'une *gravure en taille-douce* et d'un titre gravé, avec une *vue* ou *vignette*, et chaque livraison sera accompagnée d'une ou deux *cartes géographiques*.

Les *planches* seront réunies en un cahier séparé formant *atlas*.

Le prix de la livraison, pour les souscripteurs, est de 12 fr. et de 20 fr. avec les gravures avant la lettre.

A la publication de la 3e livraison, les prix seront portés à 15 fr. et à 25 fr.

ON NE PAIE RIEN D'AVANCE.

Pour être souscripteur il suffit de se faire inscrire à Paris

Chez les Éditeurs :

CHARLES GOSSELIN, LIBRAIRE
DE S. A. R. M. LE DUC DE BORDEAUX,
Rue St.-Germain-des-Prés, n. 9.

A. SAUTELET ET Cⁱᵉ,
LIBRAIRES,
Place de la Bourse.

www.ingramcontent.com/pod-product-compliance
Lightning Source LLC
Chambersburg PA
CBHW071859160426
43198CB00011B/1162